出島
つながる
架け橋

第6回 長崎文献社
文化フォーラム記録

長崎市 出島復元整備室 学芸員
山口美由紀
Miyuki Yamaguchi

長崎文献社

はじめに

出島に橋がかかり、水面を越えて出島に渡る。

江戸時代にそうしていたように、現代のわたしたちも。


その思いは壮大なプロジェクトとなり、２０１７年に実を結びました。

出島に橋を再び架けるという構想は１９８２年に始まり、１９８９年からは出島の対岸地の用地交渉が始まります。架橋に向けて、一歩ずつ、長い道のりがスタートします。

そして２０１４年、ついに準備が整い、事前の発掘調査にとりかかりました。

発掘調査は、進めば進むほど、どんどん水の中に。

川の中で行う作業は、思いもかけないことがたくさんありました。アビキで潮位が変化したり、潟のにおいが強烈だったり。水辺の生物もたくさんいて、いつもとは違う出島の日々でした。

また、発掘現場は〝驚きの発見〟の連続でした。中でも最も驚いたのは、江戸時代の橋そのものが見つかったことです。明治時代に失われた石橋は、姿を変えて江戸町に残されていました。

そして、次第に分かってきました。出島への入場口である橋について明らかにすることは、江戸時代の出島の閉じられ方、開かれ方を知ることであると。いつのまにか、出島の根本的なテーマに近づいていていました。

本書では、これらの新しい発見について、そして出島の橋にまつわる事柄について紹介していきます。江戸時代から現在に至る様々な「出島の橋」を通じて、その変遷のみならず、出島の変化も見えてきます。これまで出島の住居や貿易品を中心として、出島を知る本、出島を語る本はありましたが、橋を通じて出島を理解しようというのは新しいテーマです。

多くの皆様のご協力を得て、本書が出来上がりました。

お手にとっていただき、広々とした出島表門橋公園から、橋を渡って、さあ出島へ！

＊本書は、2017年12月6日に開催しました長崎文献社主催フォーラムのうち、講演「つながる架け橋」（山口美由紀）の講話を元に書き下ろしを加えて構成したものです。

第一章 発掘から見えてきたこと

出島表門橋ができ、来場者も増加

ただいまご紹介いただきました出島復元整備室に勤務しております学芸員の山口美由紀と申します。今、出島は、新しい橋が架かったということで、大変話題になっておりまして、ご来場いただく方も本当に増えました。２０１７年（平成29年）11月24日、近頃、橋が完成し、記念式典を開催、翌25日は、出島表門橋がオープンし、市民の皆様で一度も出島に来た事がないという方も来てくださいました。非常にうれしい状況が続いております。

今回は「出島　つながる架け橋」ということで、タイトルを準備しました。

2017年12月6日のフォーラムの様子

今申しました式典の翌日（平成29年11月25日）、江戸町から出島を臨んでいるところです。県庁の駐車場から、出島を見下ろして見たところです。よく、皆様もご存知の川原慶賀という絵師が描いた出島の絵図が知られておりますが、これがちょうど県庁側の方から見たときに、出島の姿を俯瞰で見て、扇形に見えるところだと思います。橋のところなど昔とは川幅が違うので今は全然違って見えると思いますが、斜めから見ると、ちょうどいい具合に橋が短く見えて、その先に出島が見えることから、昔の景観が戻ってきたかのような錯覚をおこさせます。橋が架かっただけで景観は変わるものだということを実感させるタイミングでした。また、ちょうどこの日は市民イベントが盛り上がっており、江戸町の皆さんや長崎リンネのみなさんがいろいろなブースを出していただいていました。江戸時代は、江戸町側は小さい家がたくさん並んでいて、それが連なることで江戸町の賑わいがあったということがわかっているのですが、まさにそういった形の小さいお店が並ぶ様子が出島表門橋公園の新しい在り方として、変わってきているなと思ったところです。

江戸町側から出島を望む

出島の変遷を橋でたどる

ご存知の方もたくさんいらっしゃると思いますが、昔の出島がどういった形かということをおさらいしまして、それから現在の出島の橋にいたるまでの時代を追っていきたいと思います。

こちらは寛文年間の長崎が描かれている屏風です。出島としては、かなり古い時代に位置付けられる屏風ですね、17世紀後半になります。この時代というのが、ちょうど、出島に渡る唯一の橋が木の橋から石橋に架け変わるところです。出島の橋としては時代的にひとつ変遷をたどろうとしています。出島とその周辺、港の様子がよくわかる風景です。

寛文長崎図屏風　17 世紀後半　　長崎歴史文化博物館所蔵

寛文長崎図屏風

『寛文長崎図屏風』は、くんちで賑わう長崎の町から長崎港の内外までを描いた屏風です。掲載の図は、その左隻の一部にあたります。この屏風の画者や製作年については不明ですが、寛文 13 年（1673）に長崎に来航したイギリス船リターン号と推察される外国船が描かれていることから、寛文 13 年当時の長崎を描いた屏風と考えられています。図中には、崇福寺や出島、3隻のオランダ帆船が見られ、また、中国のジャンク船も港内に停泊し、開かれた貿易都市、長崎が印象的に表現されています。

実際に現在の出島と昔の出島（長崎惣町絵図）を重ねてみたのがこちらの図になります。まず出島は北側が明治時代に削られているため、紫色に着色している箇所が既になくなったところになります。昔の川（実際は川ではなく、海中）は、このあたり（紫色の上手部分）になりますので、川の幅がずいぶん拡幅されて今現在中島川は広くなっているところです。江戸町側につきましては、昔はこのようなライン（橙色の上手部分）を描いていたわけですが、このあたり（橙色の箇所）は埋め立てられて広くなり、出島の北側は削られて、ということになります。私達は橋をかけましょう、という事業を始めたとき、まずは対岸地の発掘を行って、実際にどのような条件で、橋をかけることができるかどうか、検討いたします。その発掘調査を行った地点が赤い線の部分です。

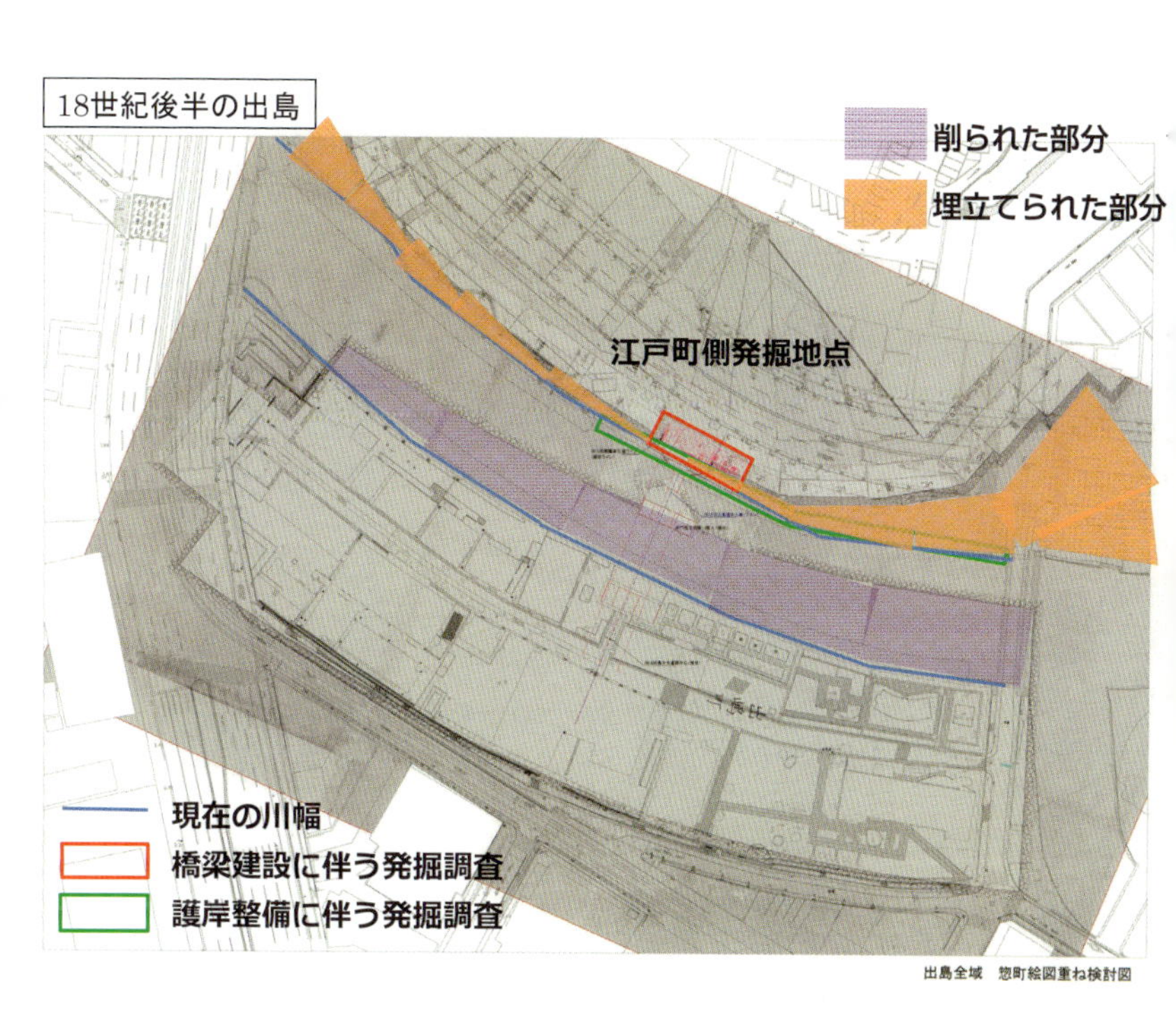

出島全域　惣町絵図重ね検討図

出島に渡る橋というのは、最初に架けられたのは木の橋（1636年（寛永13年））でした。1678年（延宝6年）に石の橋に架け替えられました。最後、明治時代に行われた中島川変流工事によって、橋が無くなりました。現在はここにもう1行追加しないといけません「また新しい橋が架かりました」と。

出島に渡る橋

最初に架けられたのは木の橋でした

1678年、石橋に架け替えられました

明治時代に橋がなくなりました

現在の出島と表門橋

屋根付きだった木廊橋

木の橋については、あまり出島の橋としてのイメージが薄いかなと思います。このころの寛永年間の長崎図を見ていきますと、昔は出島には木の橋が架かっていて、それは何も出島に限らず、中島川に架かる橋が、木製の橋で、廊下に屋根が付く木廊橋（もくろうきょう）が架かっていたことがわかっています。寛永年間の絵図を丹念に見ていきますと、木の橋がたくさん架かっていたこと、その中に石橋の眼鏡橋があったことがわかります。出島の橋の変遷は、中島川の橋の変遷と同様の流れで考えることができます。

寛永年間長崎港図
長崎歴史文化博物館所蔵

寛永年間長崎図
長崎歴史文化博物館所蔵

こちらは発掘調査と合わせてみたところになりますが、江戸時代前期の時代にあたる石垣が、発掘現場のほうから確認することができました。こちらは木の橋の時期、あるいはその後の古い時代の出島と関係するところの護岸石垣、橋詰めになります。昔の江戸時代の江戸町のこのラインは、護岸の石垣がここ（直線的に横方向に延びるライン）になるのですが、この部分（横方向の石垣から縦に延びる二つのライン）は、突き出るような形で橋を架けるための橋詰めといわれる突出部が出来るところになります。ここにアーチの石橋が架かるということになります。恐らくなのですが、木の橋の時代には、石橋とは構造が違い、橋台はもしかしたら必要なかったかもしれません。そう考えますと、この部分というのは、一番古い時代の石橋が架かっていたときの橋台であったというふうに考えることもできます。この図面の中に二つの時期が隠れていることになりますが、まずは江戸町の護岸石垣だけの時代、それと1回目に作られた小さい橋詰の時代になります。これらの石垣、橋詰と木橋、石橋がそれぞれに関わってきます。文献で判明している木橋から石橋への変遷と、護岸石垣と橋詰の相関関係については、現在分析を行っているそれぞれの地区から出土した遺物の製作年代が決め手となり、明らかになることでしょう。

図面の左手に、大きな柱のようなものが隅っこに写っています。これがまた現場で発掘

江戸時代（前期）の石垣

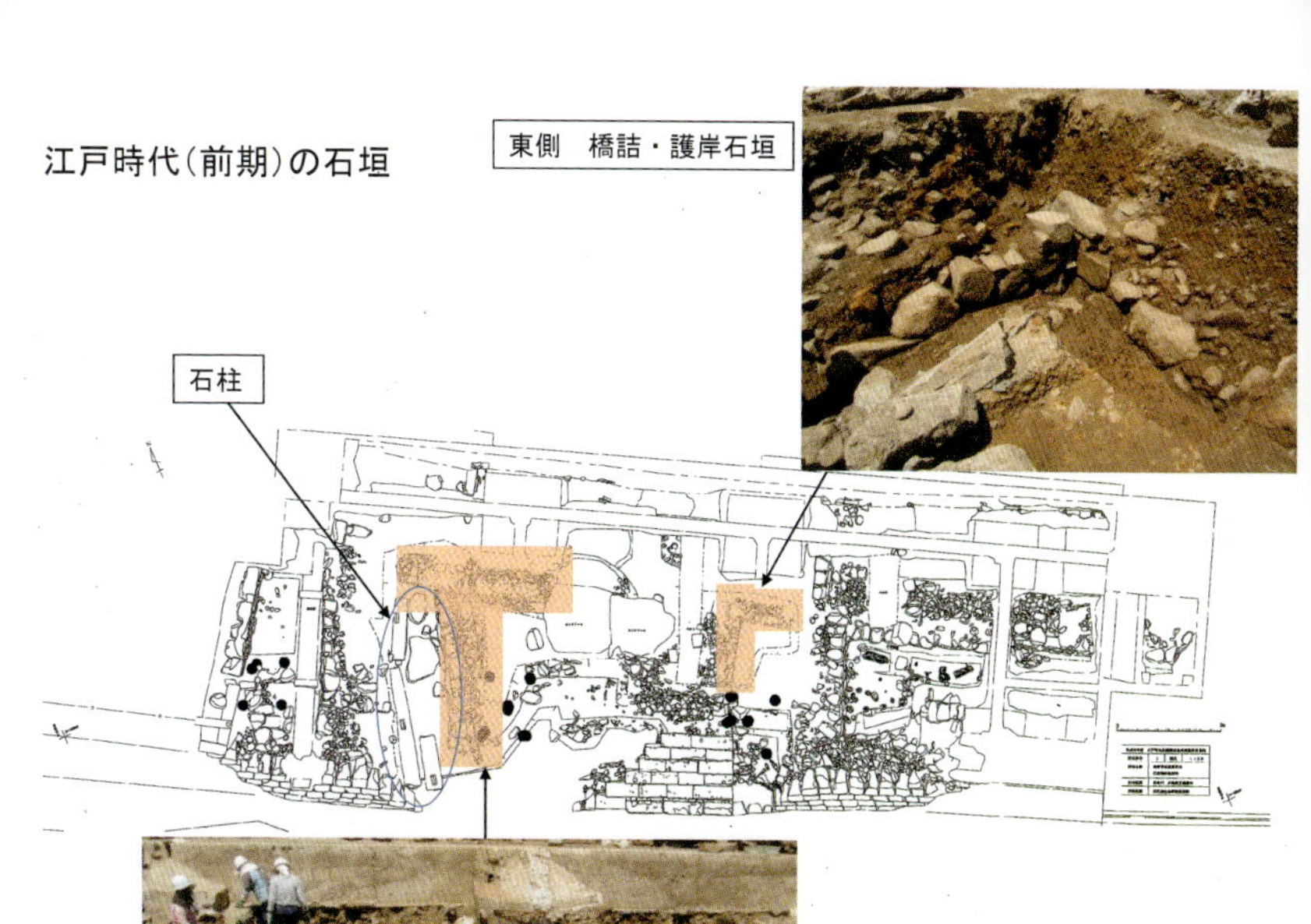

したときは謎の物体で、なんだろうなんだろうとみなさんと頭をかしげていたのですが、ずっと調査しているうちに何であるかが次第にわかってきました。

例えば、古い時代の絵図は少ないのですが、木の橋の時代の出島が描かれている蘭館図屏風を見ますと、橋の下部に、柱、橋脚がございます。こういうものから推察して、この石の柱が、この部分だったということがわかります。これをたてて、突起部とくぼんだ部分をつなげて、四角い穴に横木（貫）を入れていくという構造であることがわかります。木の橋の時代の構造物に出会えるなんて思ってもみなかったので、これはびっくりするような発見でした。当初、木橋には木製の橋脚が妥当であり、石製の橋脚である場合があるのか、事例を探す必要がありました。その結果、京都の三条大橋などの大規模な橋の事例や、天草の祇園橋のアーチ橋ではない石橋の石製橋脚の事例から、出島橋が石製の橋脚であってもよいのでは、と推察しています。

蘭館図屏風１７世紀後半頃
松下美術館所蔵（長崎歴史文化博物館展示資料複製）

蘭館図屏風

17世紀後半頃の出島蘭館が描かれた屏風。唐人屋敷が描かれた唐館図と対になります。出島の屋敷や通りに描かれた人物、動物らは、その他の蘭館絵巻でも知られていますが、出島の北側にあたる表門や橋周辺が描かれている構図は珍しく、貴重な史料です。

屏風には、出島側の橋のたもとが詳しく描かれ、小さい橋詰があったことがうかがえます。

石柱

最初にかけられていたのは木の橋でした。

祇園橋　天草

橋の呼び名が悩ましい

橋について、今とても質問が多いのが、出島にまつわる橋がたくさんあって、名称がなんだかわからないというもの。そこで、簡単にまとめてみました。江戸時代に出島にかかっていた橋というのは橋、または石橋というふうに文献上で表記されています。出島橋というふうに書かれているものは江戸時代にはないです。明治時代になりますと、中島川の橋に名前がつけられることになり、出島の橋にも出島橋という表記が出てきます。現在は鉄橋が「出島橋」と呼ばれていますので、それに対して昔の橋は「旧出島橋」とよんで区別をしています。出島橋という単語はたくさんでてくるので、今回の新しい橋は、「出島表門橋」として「表門」というワードを入れて整理しています。昔の石橋のイメージはこんな感じですね。（出嶋歩刻之図参照）さきほど「橋詰め」といいましたが、このように江戸町の護岸があって、突き出しの土台というか基礎のようなものがあって、そこに小さい橋がかかる、というのが昔の橋の姿です。出嶋歩刻之図によると、出島橋は「石橋　竪二間一尺　横二間二尺」と記され、長さも幅も約4．5メートルという小さな石橋だったということがわかっています。

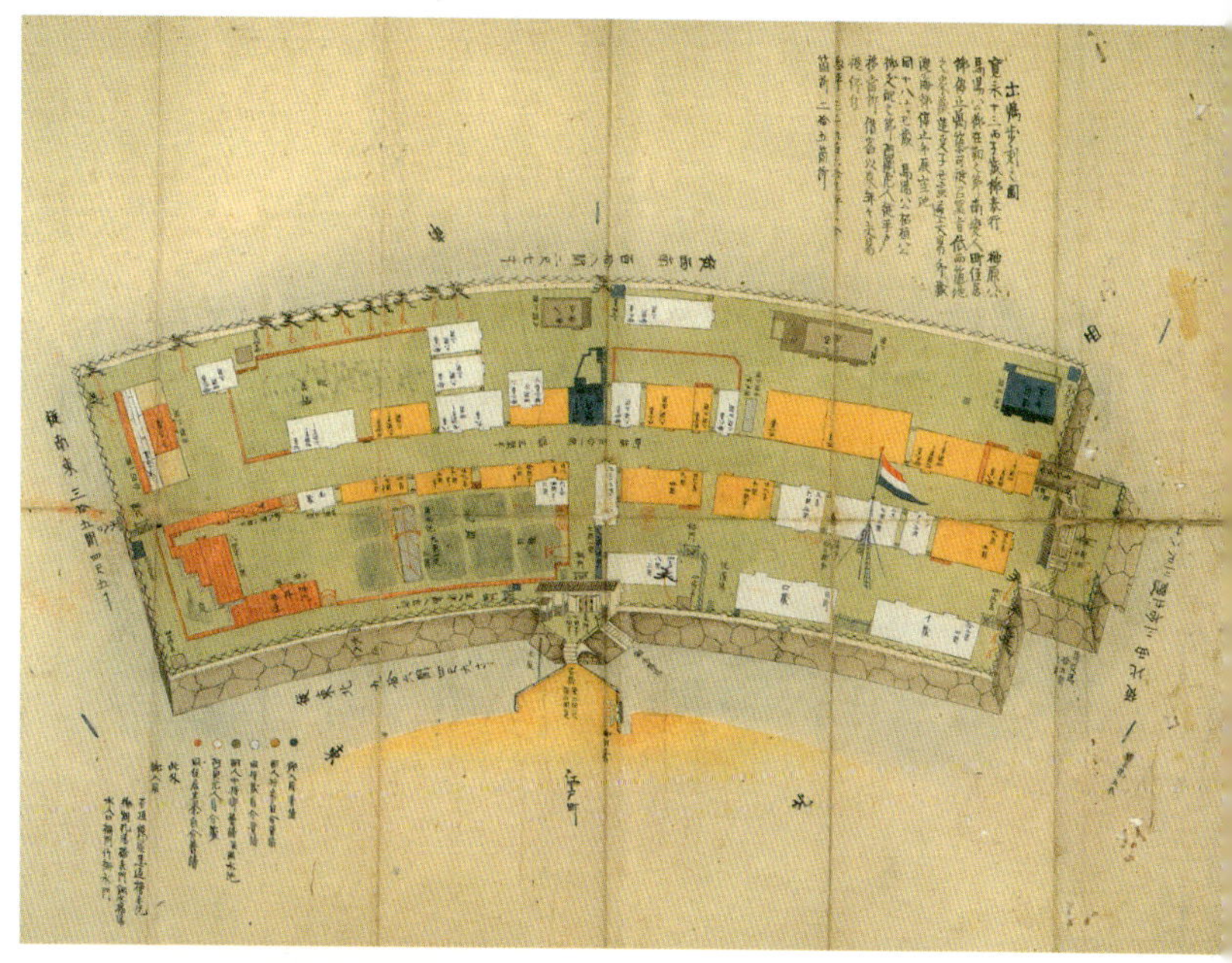

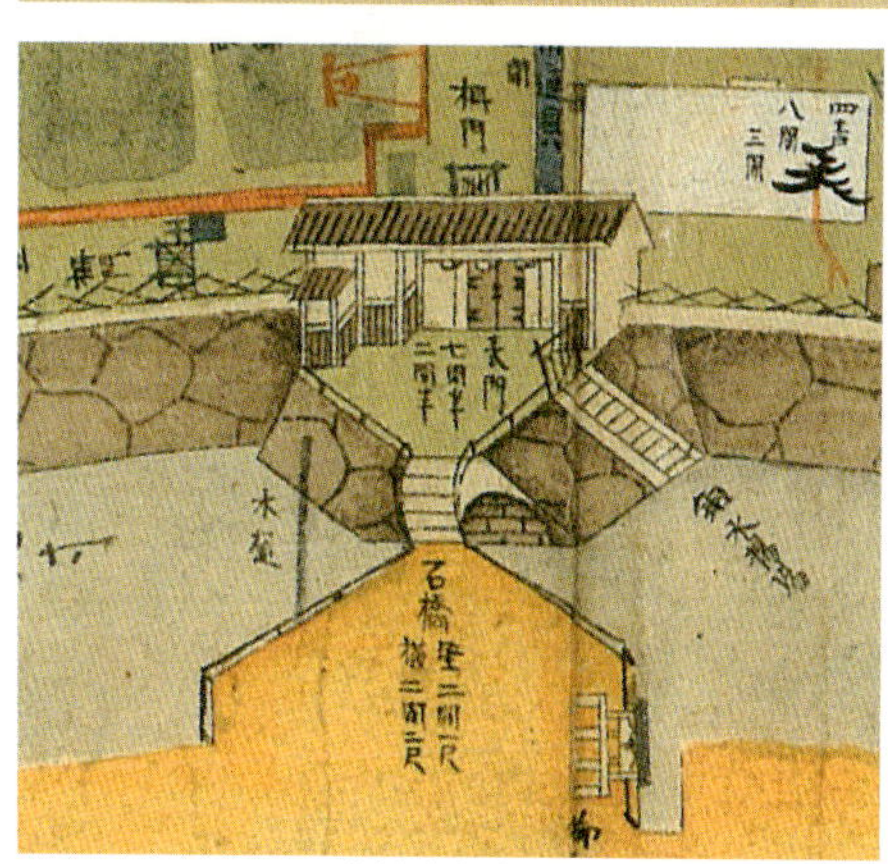

出嶋歩刻之図
19 世紀前半

橋の名称について

・江戸時代　橋または石橋
　明治時代　出島橋
　現代　　　旧出島橋

・現代の「出島橋」は鉄橋

・新しい現代橋は「出島表門橋」

石橋そのものの部材も発見

こちらが、よく私達が知っている時代である18世紀後半~19世紀前半のころの出島の橋に関わる遺構の図面になります。このころは、ここにありますようにこの青い線を追っていくと、まさに出嶋歩刻之図と合わせたときに同じような線の伸び方をしておりまして、このように前の小さい橋詰めからさらに拡幅して大きくなった橋詰めを持つ石橋が、ここにあったことがわかります。これに伴い、木の杭がたくさん出土し、その一部は並んでいます。これらはこの護岸を守るために備え付けられています。また、ここにはたくさんの小さい家が張り出すように並んでいるので、その家の下支えをする木の杭、掛屋造りとも言われますが、そういった護岸に多い構造の建物の柱の跡であることもうかがえます。

今までずっとお話しましたのは石垣に関してですが、今回の調査でよくわかったのは、私たちはなんと「石橋」そのものも発掘してしまったのだということ、これが徐々にわかってきました。それもまた大発見であり、いろいろなところで発表しています。といいますのが、明治時代になって、中島川の変流工事を実施するときに、石橋は取り壊されてしまったのですが、発掘調査でその石橋の部材をいろいろと見つけることが出来たからです。

出嶋歩刻之図
19 世紀前半

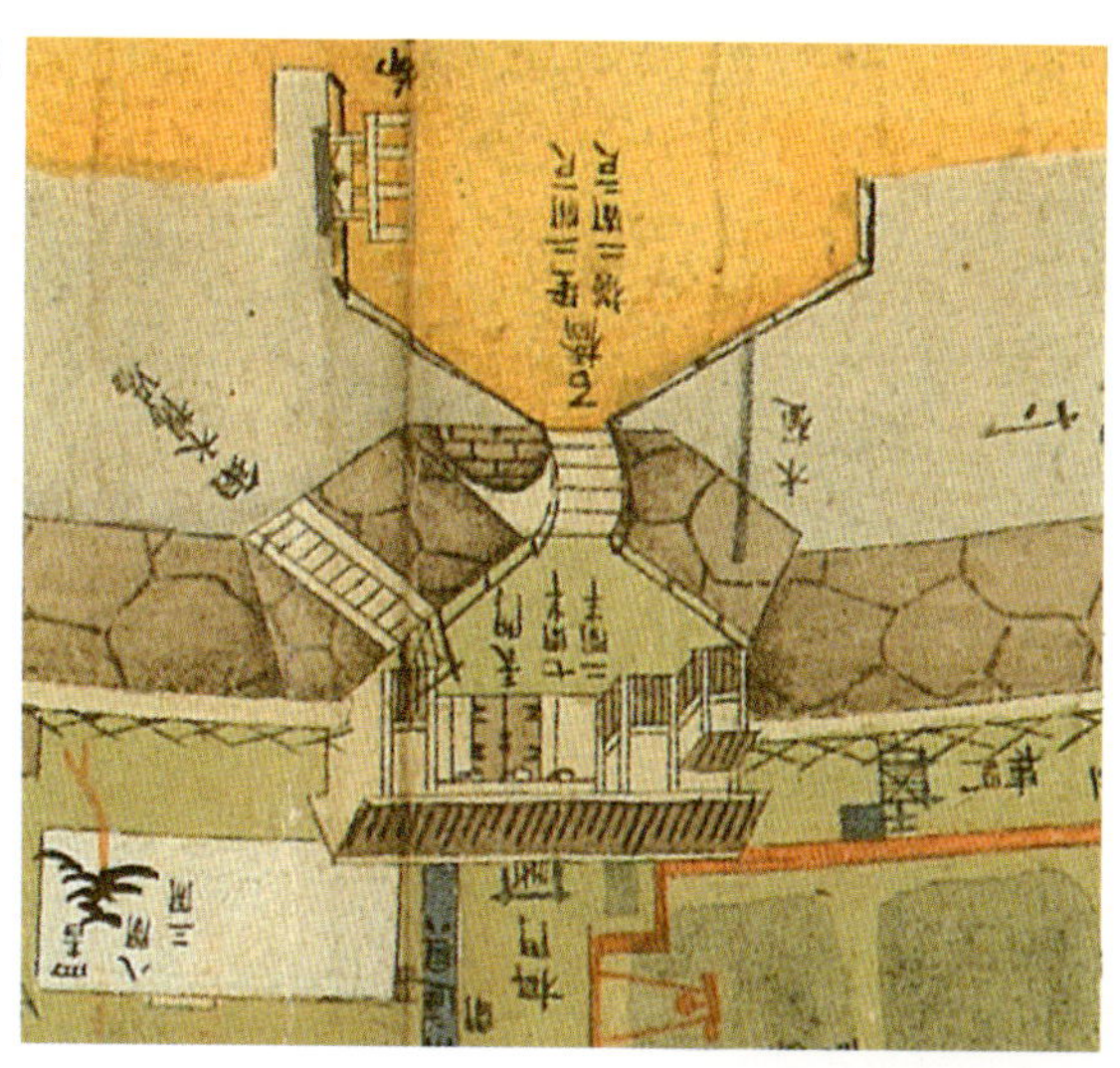

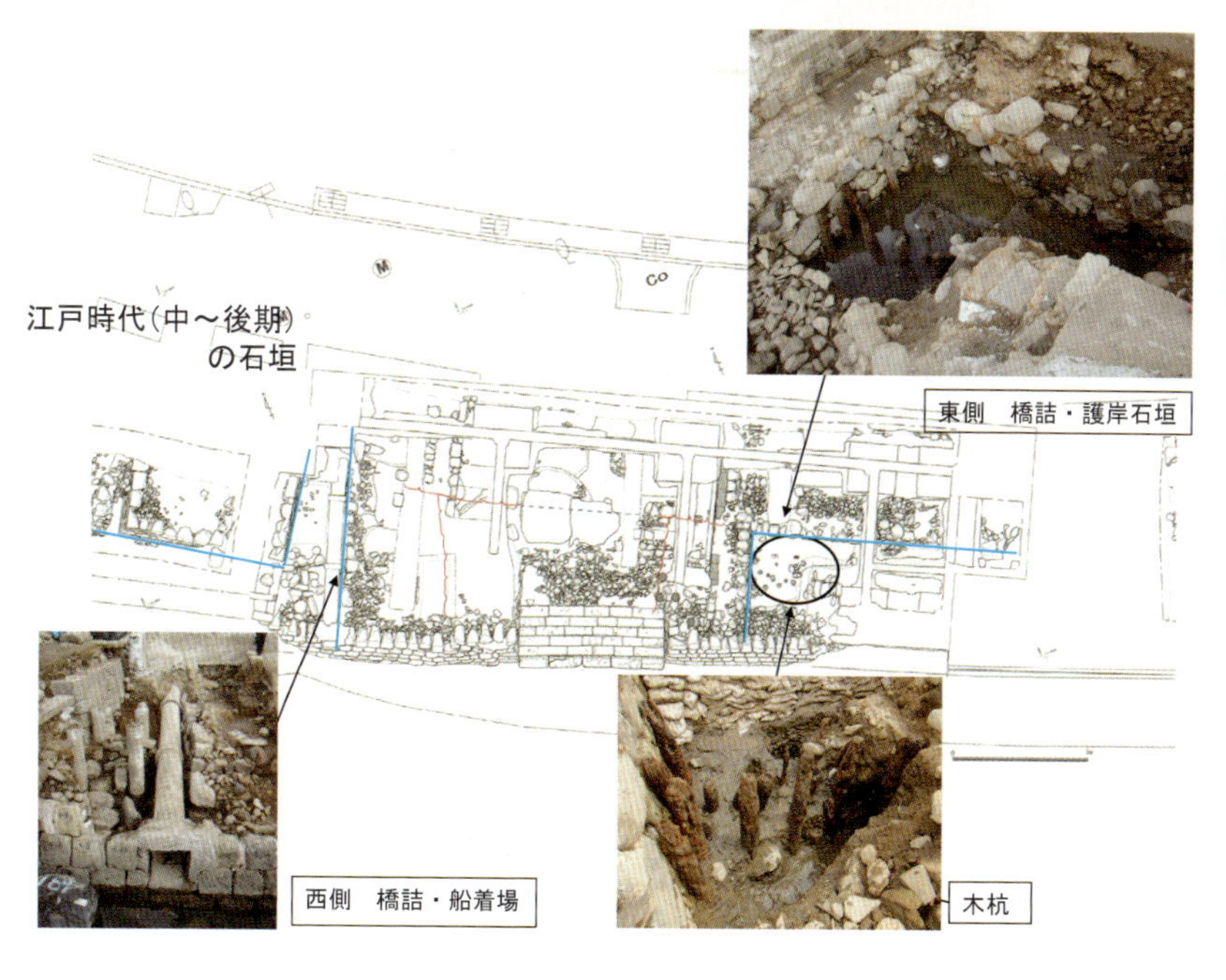

例えばこれ、束石などはこういったところの親柱に沿った形の高覧のところに使うものであるとか、笠石は高覧の手すりの部分、こういったところの石も出てきています。ゆるいカーブの曲線をもつことによって、アーチの曲線の状況もわかり、1つ2つ見つかることですごく昔の様子がどんなだったか詳しく知ることができる、そういった貴重な部材の発見もありました。また、昔からあったものとして、親柱、これは伝世品として今も出島が所蔵しているものですが、それに加えてもう1本親柱がころんと出てきました。これによって親柱の下の部分をどのように加工しているか、カーブの開きもうかがえるようになりました。実際に橋に関する実物資料が出土したことによって、非常に細かいデータを取得し、次のステップに進める大きな成果を得ることができました。

東アジア使節公式報告書　プロシア国所収「出島橋」

長崎歴史文化博物館所蔵

1678年、石橋に架け替えられました

笠石

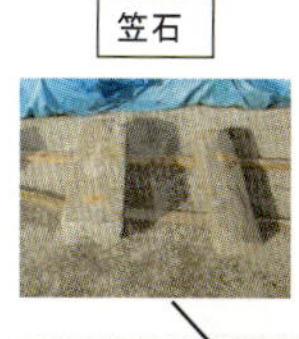

東石

親柱　出土品

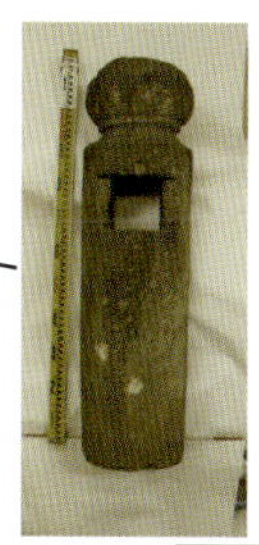

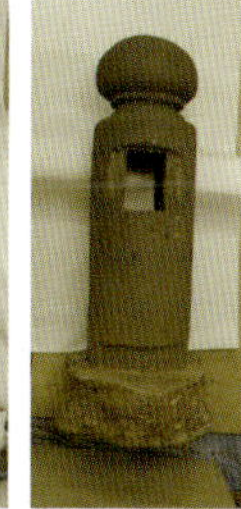

親柱　伝世品

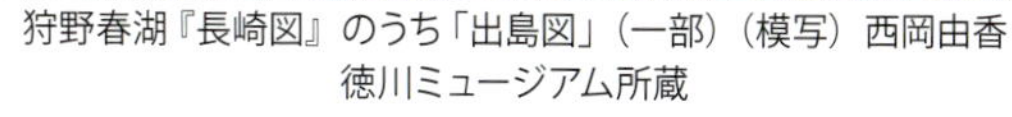

狩野春湖『長崎図』のうち「出島図」（一部）（模写）西岡由香
徳川ミュージアム所蔵

変流工事とともに姿を消した石橋

先ほども申しましたが、江戸時代に大きな役割を果たした石橋は、明治になって中島川変流工事を行った際に、川幅を変える工事とともにこの石橋が撤去されました。明治時代の「出島の地図」（長崎大学経済学部図書館所蔵）によると、変流工事に伴う護岸工事のなかで、船着き場などが新たに造られたことがわかります。この明治時代の護岸石垣のラインは、つい最近まで見えておりました護岸石垣です。さらに、興味深い発見でありましたのが、先ほど申しました明治時代の石垣、これも石橋の部材であったということです。これは本来の護岸石垣を解体してみると、石の階段が新たに出てきたところですが、この状態でよくよく観察してみると、ここの輪石の部分にこの石段の石材があたるということがわかりました。

この階段は石橋の部材を使ってリサイクルで作られた階段だったということです。

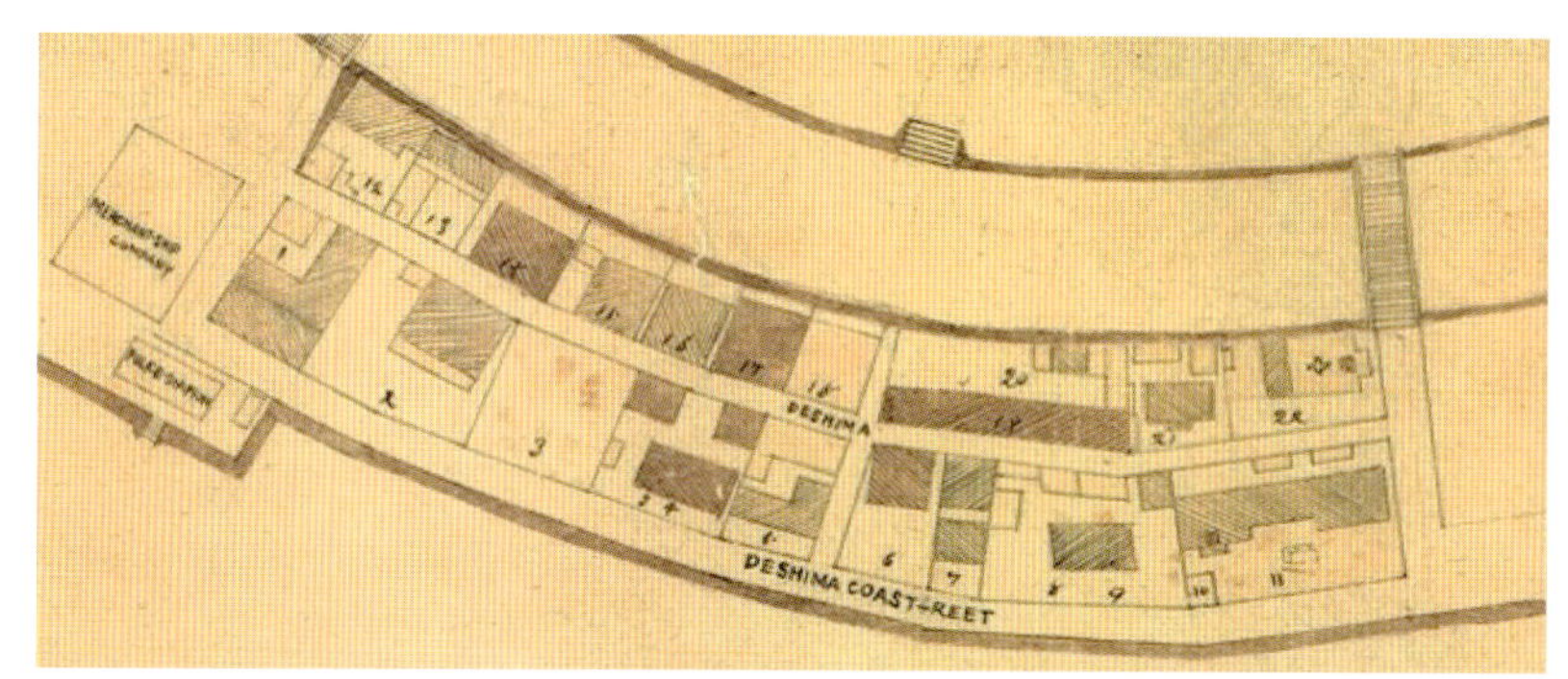

明治時代に橋がなくなりました。　出島の地図　明治時代　長崎大学附属図書館経済学部分館所蔵

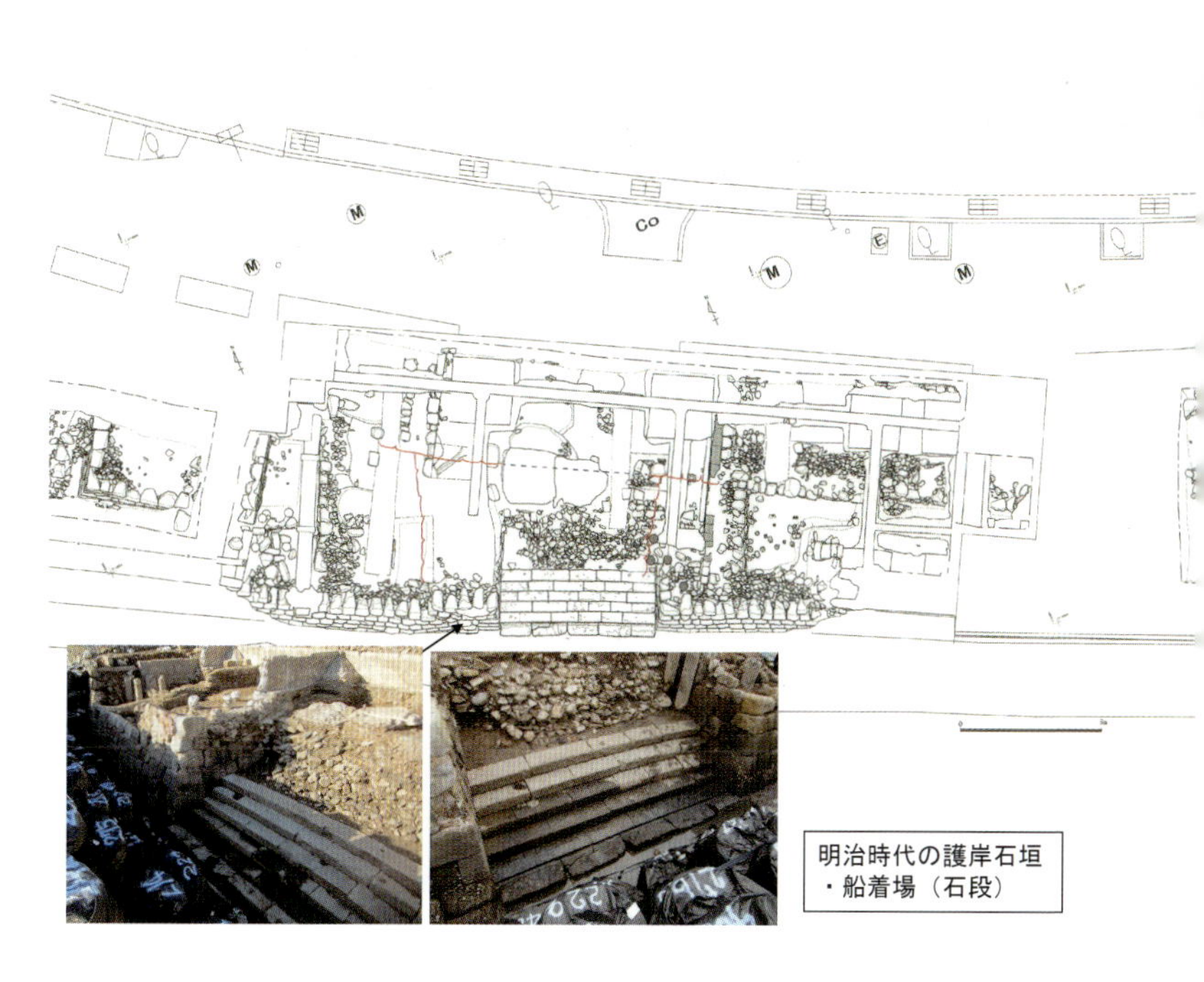

明治時代の護岸石垣
・船着場（石段）

さらに、もう一度リサイクルしているということもわかりました。明治時代の石段は、下段が6段残っていましたが、上の部分は裏敷きの礫のみで、階段石がなかったのですね。何でだろうね、とずっと思っていたのですが、どうもこの上部の石段を壊して、これをポンポンポンといくつかに割って、これを中島川の護岸石垣の階段部分を埋めるための護岸石垣に活用していたという、リサイクルにリサイクルを重ねていたということもわかりました。それで、今現在見つかっている部材がこれだけありまして（親柱3本、束石1石、架石（笠石）4石、敷石3石、壁石7石、輪石81石）これは全部出島の場内で保管管理をしており、文化財資料として調査をしております。いつか石橋部材として再度活躍する、出番のある日がやってくるのではないかということで大切に保管しております。

輪石

明治時代の石段

中島川の護岸石垣
＊整備により現在は解体

見つかった部材

親柱	3本
束石	1石
架石（笠石）	4石
敷石	3石
壁石	7石
輪石	81石

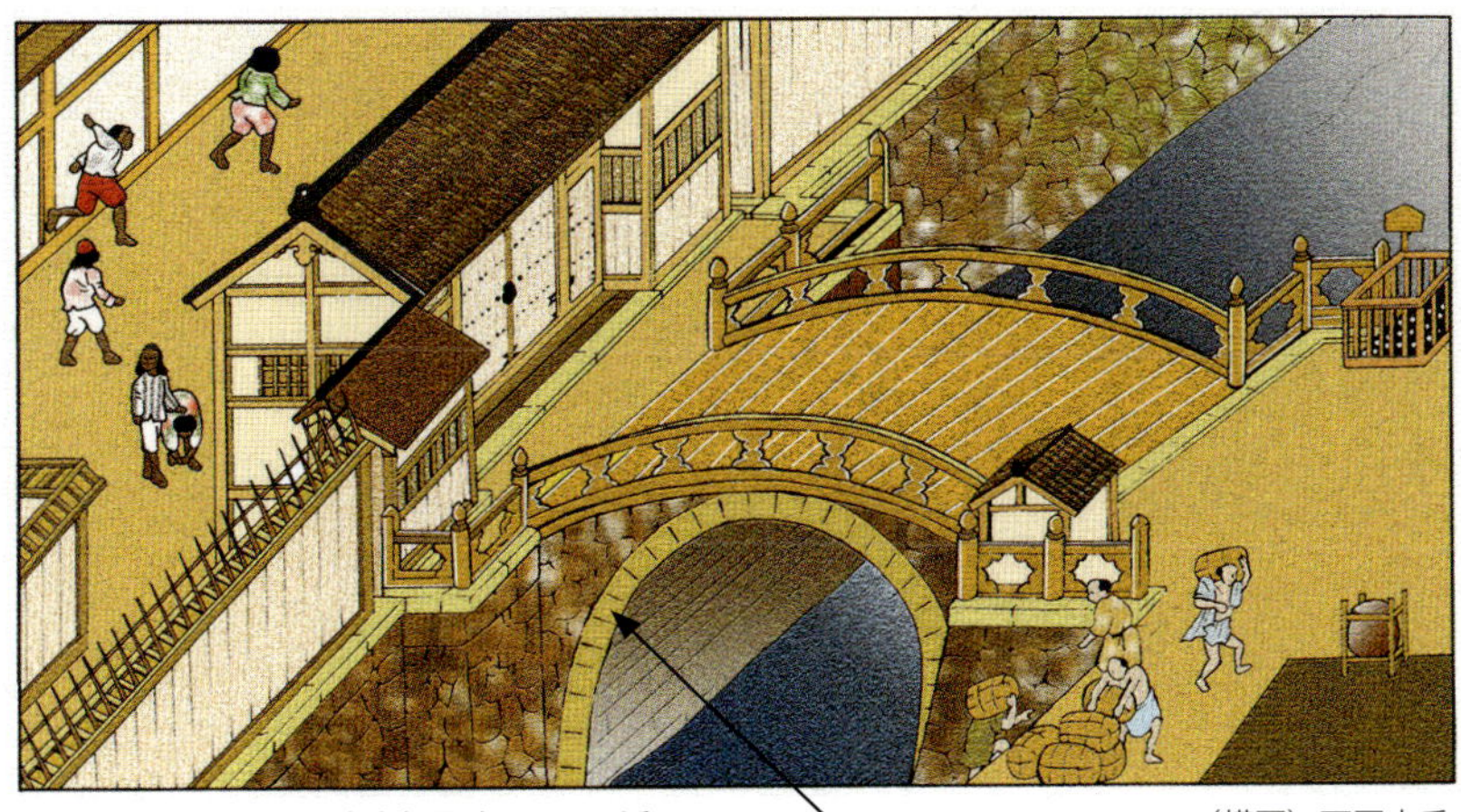

文化財資料としての旧出島橋調査、そして活用へ

（模写）西岡由香

出島敷地内に石橋の部材を展示

今申しました石橋の部材、このような状況で場内にたくさん並べて置いており、来場者の方にも見ていただいています。いろいろと特徴が見られて面白い石材があります。歴史的構造物や技術史に興味をお持ちの皆様などは、丹念に見ていらっしゃいます。石橋の石質は、基本的に安山岩ですが、親柱や束石など、丹念な整形を必要とする部材には、柔らかい風合いの安山岩が用いられているようです。

史跡内の石材管理小屋

出島橋部材

現存する似た形の石橋「中川橋」と「桃渓橋」

これらの旧出島橋の石橋部材の調査とあわせて、中島川やその支流にかかる石橋群の中から、旧出島橋と規模、形状などが似通った石橋の調査も同時に行いました。

参考とした石橋は、中川橋と桃渓橋。中川橋（古橋）は、1654年（承応3年）に架橋された半円形石橋で、『増補長崎略史橋梁志』によると、長さ3間5合、幅1間6合。現在は、江戸時代の石橋を保護し、その上部に新たな橋が架橋されているため、敷石舗装面は見られませんが、側面の壁石や輪石などは観察が可能です。桃渓橋は、1679年（延宝7年）架橋の半円形石橋で、『増補長崎略史橋梁志』によると、長さ6間6合、幅1間9合。現在も使用されている優美な曲線をもつ人道橋です。

このような類例石橋、そして、旧出島橋の部材の調査に基づいて、現在は、旧出島橋はこういう姿だったのだろうという復元図を起こすというところまできております。

石橋　類例調査

中川橋

桃渓橋

旧出島橋復元の過程　石材調査

高欄部材の寸法検討

親柱 B 検討詳細図

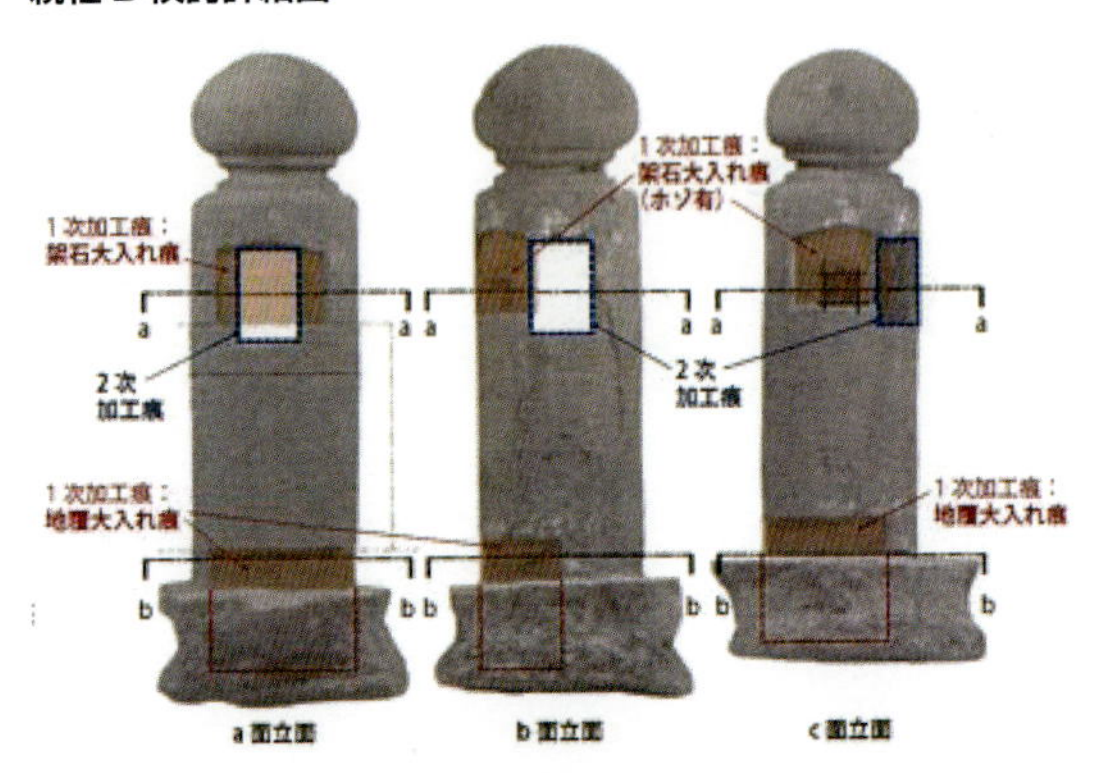

親柱　【図面抜粋】

ポイント

1　二次加工はあるが、本来の形状を推察し、他の部材との接合箇所を推測。

2　接合箇所から、親柱または控柱の位置、向きを推察。→橋と控え柱との角度が分かる。

3　漢字で出島橋の橋名表記あり。

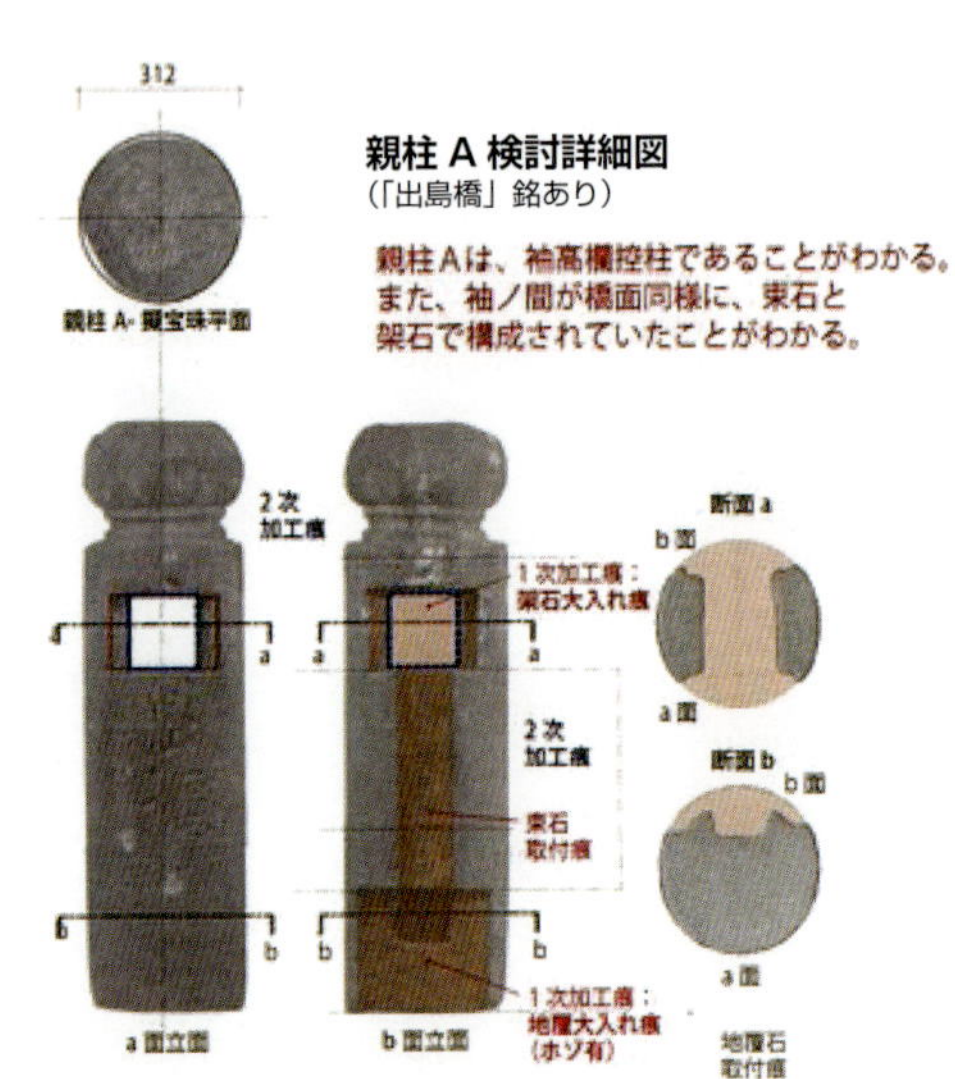

文化財保存計画協会作成

架石検討詳細図

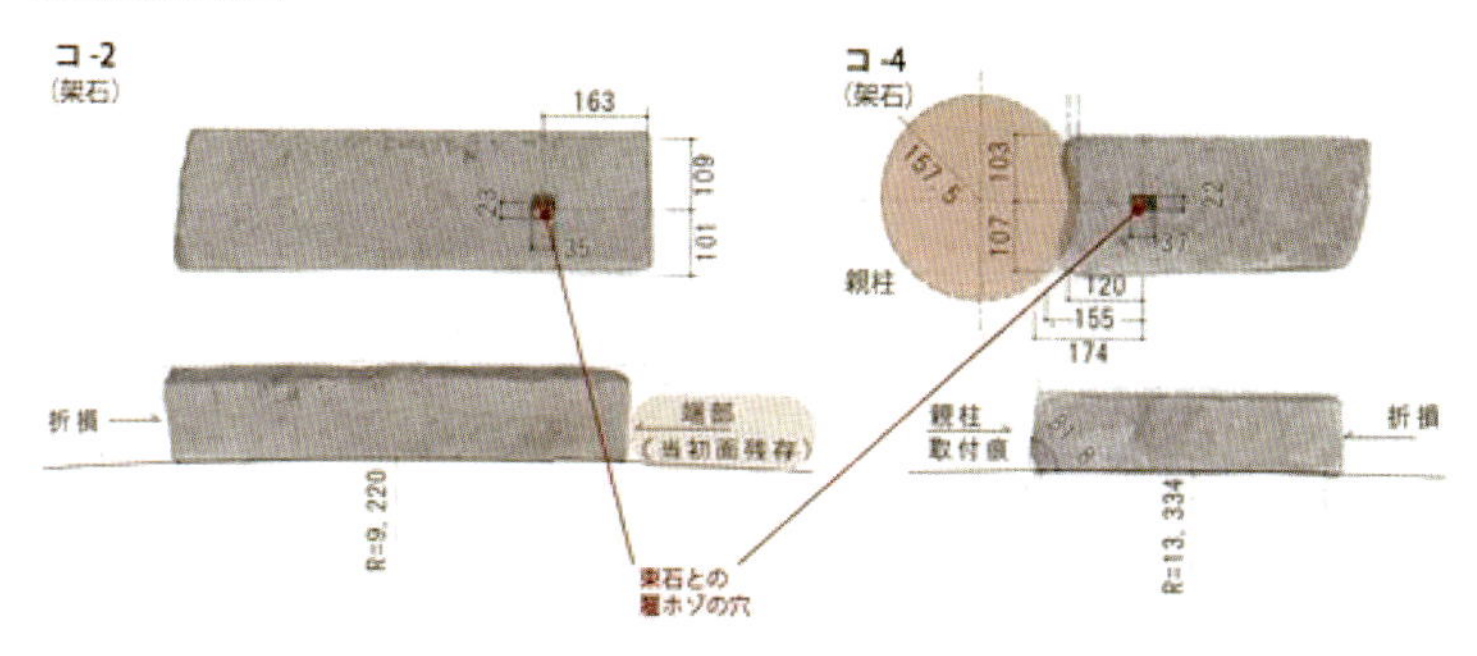

笠石 【図面抜粋】

ポイント　1　横からみると、緩やかなカーブが見られる→アーチ橋の特徴

　　　　　2　断面形の寸法が同寸の笠石あり→同時期に使用

束石検討詳細図

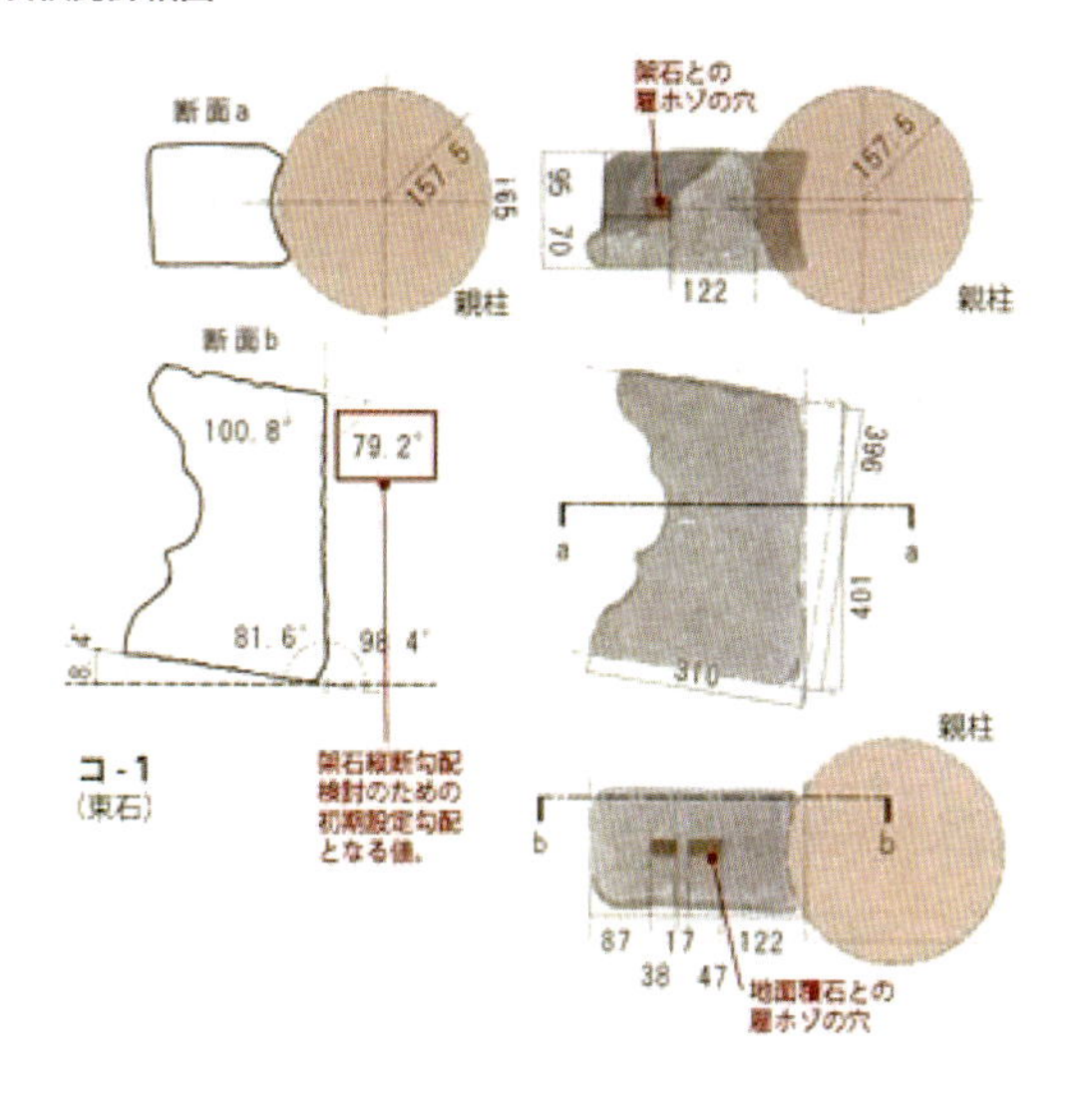

束石 【図面抜粋】

ポイント

1　側面をまっすぐにすると、底部のラインが斜めに上がる。→緩やかなカーブの痕跡、アーチ橋の特徴。

2　側面に親柱の円形にあわせたカーブが見られる。

3　繰り型が分かる。

旧出島橋復元の過程　全体形状検討

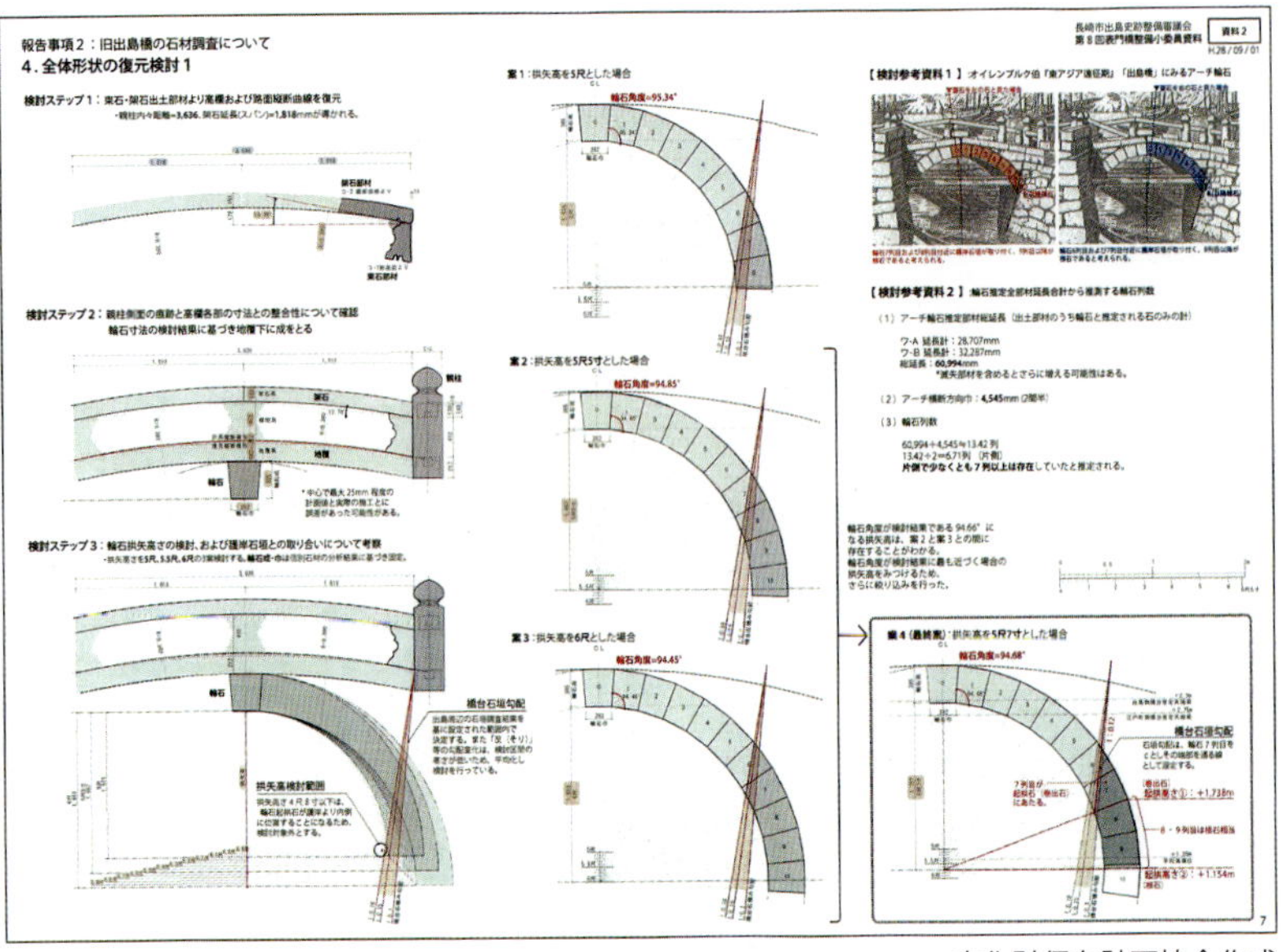

文化財保存計画協会作成

検討ステップ1：東石・架石出土部材より高欄および路面縦断曲線を復元

・親柱内々距離=3,636、架石延長(スパン)=1,818mmが導かれる。

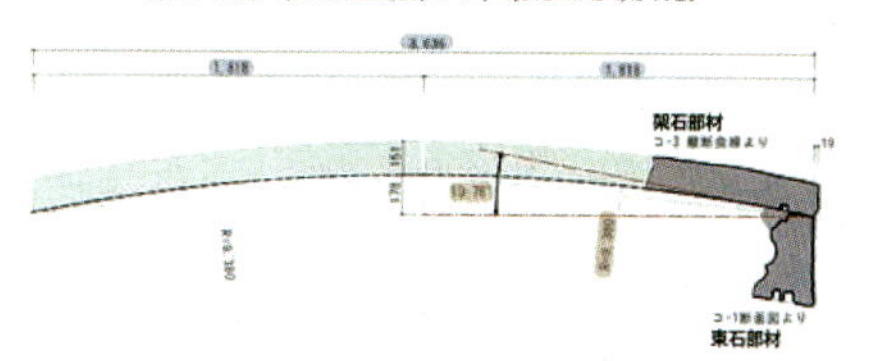

検討ステップ2：親柱側面の痕跡と高欄各部の寸法との整合性について確認
輪石寸法の検討結果に基づき地覆下に成をとる

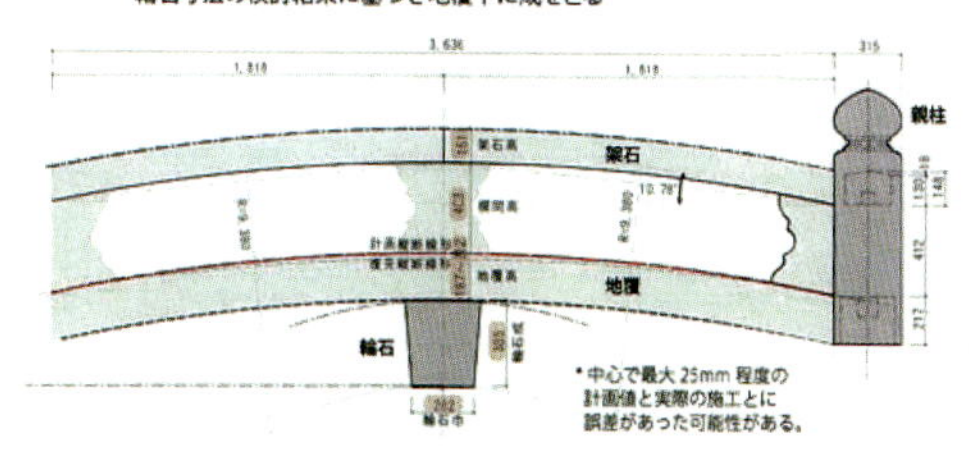

検討ステップ3：輪石拱矢高さの検討、および護岸石垣との取り合いについて考察

・拱矢高さを5尺、5.5尺、6尺の3案検討する。輪石成・巾は個別石材の分析結果に基づき固定。

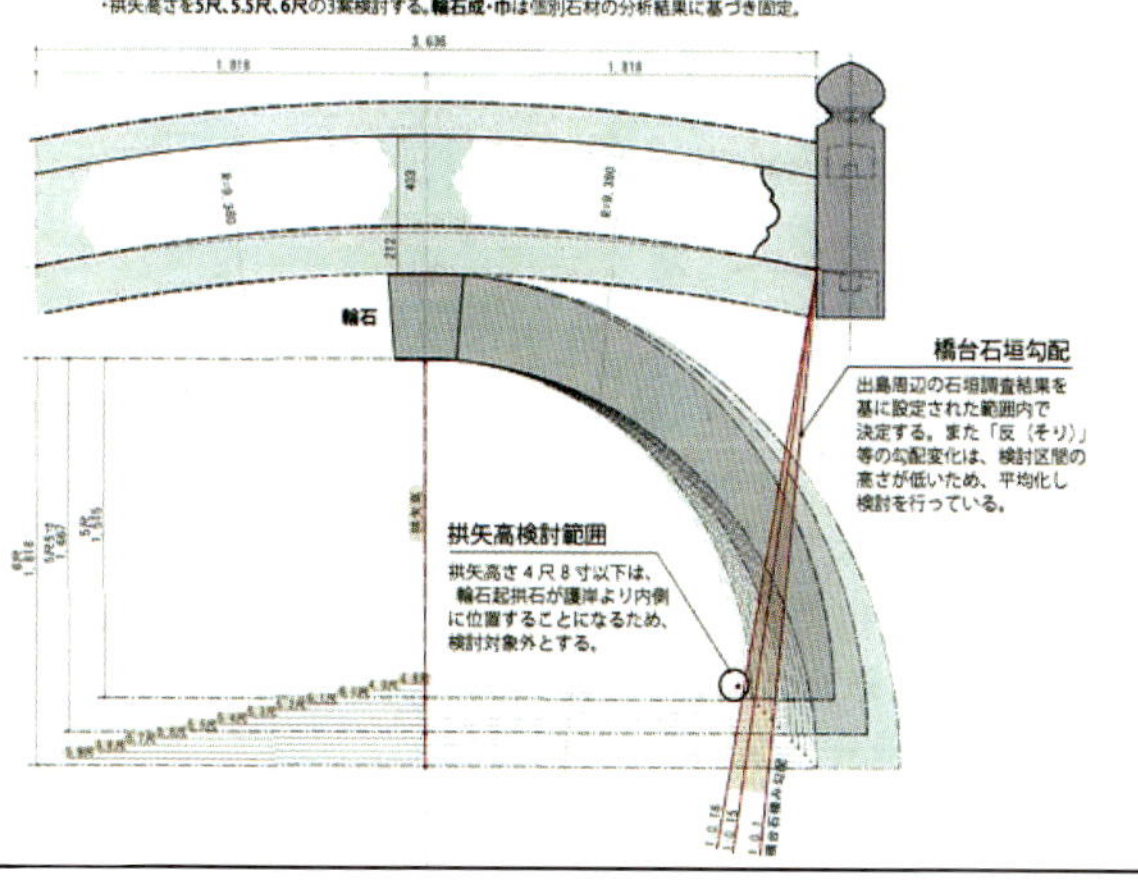

輪石　【図面抜粋】

ポイント

1　ほぼすべての輪石が二次加工されているため、本来の形状を推察。

2　断面が台形状になることから、これらの台形を積み上げた際の、カーブを推測。
　→アーチの角度を検討する。

3　数種の長さを組み合わせて、幅二間一尺から二尺の寸法に収まるかを検討する。

4　表面の整形痕から、輪石の外側の見える場所に位置する石と見えない内側に位置する石を選別する。

5　三次加工されて、護岸石垣に用いられた輪石も、輪石の全体面積に入れて、検討する。

部材から見えてきた復元図

このように、詳細な調査を行いまして、そこから角度がわかるとか、アーチの形状がわかるとか、細かい寸法が見えてまいりました。これらの調査成果を集約しましたのが、こちらの旧出島橋復元図になります。ここまでこぎつけましたので、これらの旧材を利用した石橋の復元をぜひやりたいと思っているところですが、移設の場所、どこにどのように復元するか適切な場所を選ぶ問題や費用の問題もありますので、その日に向けて努力をしていこうと思っております。

旧出島橋　復元図

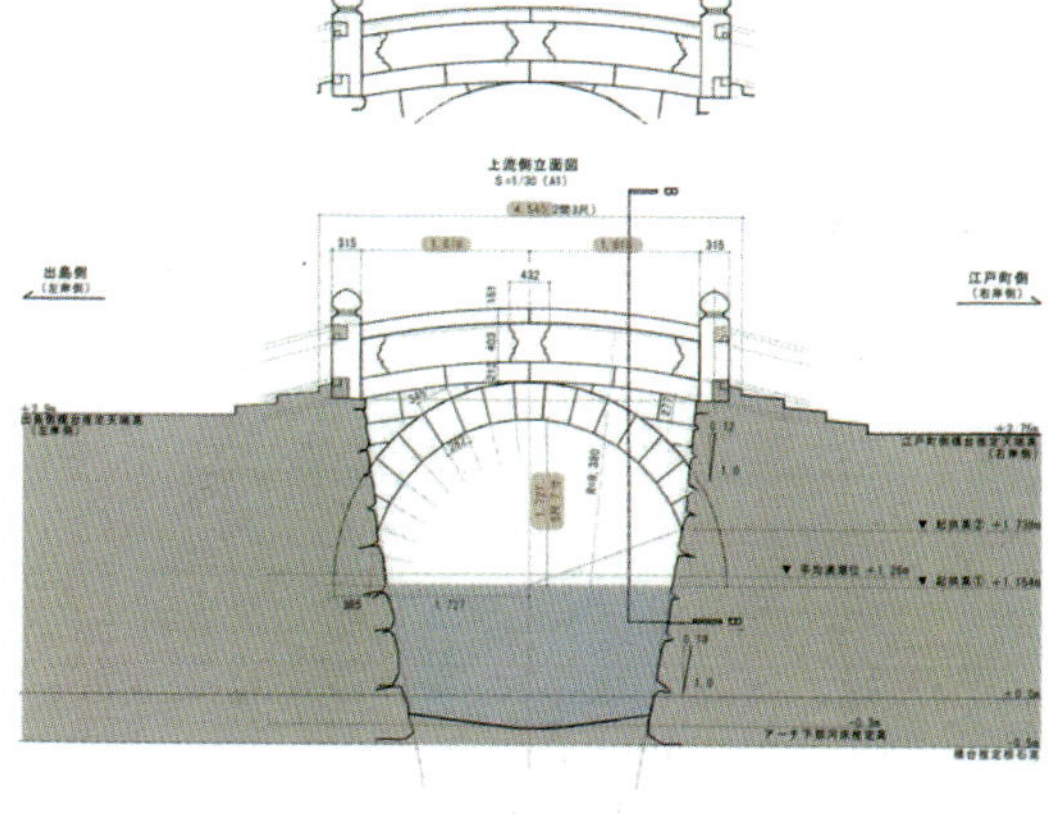

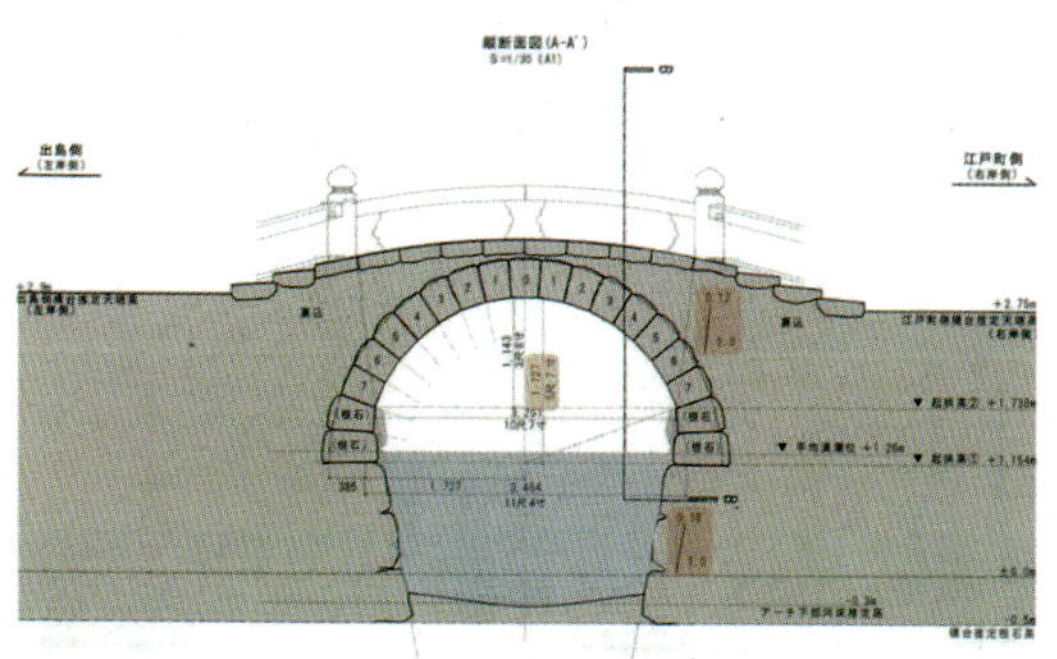

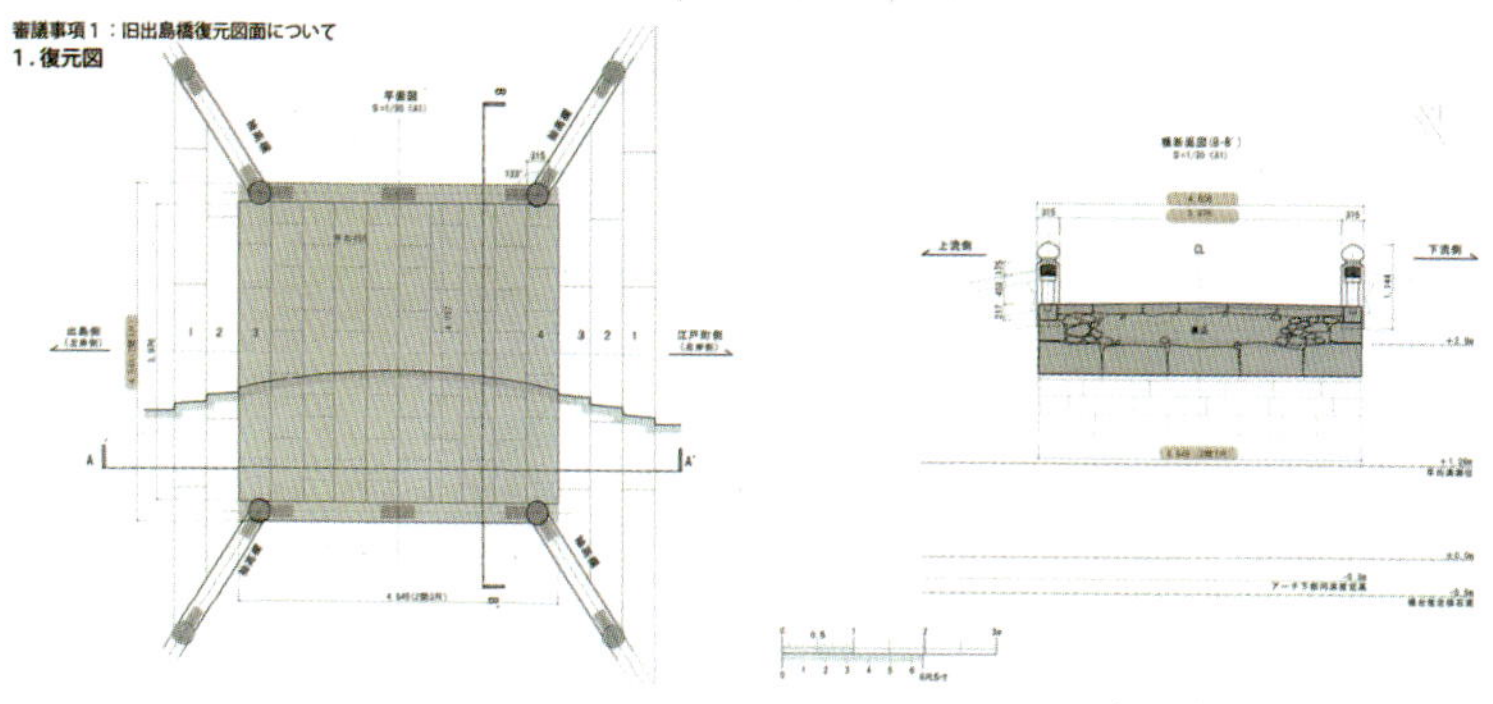

審議事項1：旧出島橋復元図面について
1. 復元図

文化財保存計画協会作成

第二章
史料から読み取る出島橋とその周辺

写真に含まれるさまざまなヒント

これまで発掘調査で見つかったものについて先にお話をしていきましたが、これからはそれ以外の史料について補足的に出島橋についてご紹介していきましょう。

まず大きな成果として写真がありますが、旧出島橋についても1枚の写真をあげることができます。ここに昔の出島橋（石橋）が写っている写真があります。出島橋を上流側から写した写真で、江戸町の様子と石橋周辺の様相が分かります。端が焼けているのですが、貴重な古写真の1枚です。さきほど護岸石垣の外から、木杭がたくさん出てきたといいましたが、このように住居をささえる木の杭がたくさん並んでおりまして、この写真の中からいろいろなヒントを私たちは見つけることができます。ここ（左手前）に石橋がかかっていて人物が立っていることが、この写真でわかります。

この写真は、現在、長崎大学の附属図書館がご所蔵されています。

出島から江戸町を望む　長崎大学附属図書館所蔵

出島橋（石橋）はココ！

こういった幕末頃の出島の写真は、当時、出島に滞在していたボードイン兄弟らが、撮影したものです。彼らが一連の写真を撮影して、彼らのご子孫がオランダのほうで保管しておりました。その保管先の住居で火災が起き、一部焼けてしまっているのですが、縁あってその後長崎大学が譲り受け、現在は長大附属図書館が所蔵されています。長崎の地にあるため、私達も非常にアプローチがしやすくなりました。２０１７年夏ごろに行った企画展のおりには私たちもボードイン兄弟の写真を数十枚お借りして、展示を行ったという経緯があります。彼らは出島で非常に大活躍した人物であります。出島内外の写真もたくさん撮っており、出島から江戸町を見る景色などは、彼らの写真から知ることができ、非常にありがたいです。

ボードイン兄弟

アントニウス・ボードインは、ポンペの後任として1862年（文久2年）オランダから長崎へ来航した医師でした。長崎養生所における教育と治療のかたわら、オランダ領事であった弟アルベルト・ボードインとともに、日本滞在中に写真撮影および収集を行い、ボードイン・コレクションが形成されました。ボードイン兄弟は、誕生間もない写真術に興味をもち、長崎の街の様子や人物などを自ら撮影するとともに、日本の写真を収集し、特別な装幀を施したアルバムも作成しました。

長崎大学附属図書館所蔵

江戸町のにぎやかな暮らしぶり

ボードインが出島から江戸町を撮影した1枚です。大きな蔵があり、その横に掛屋造りの住居がならんでいて、物干し竿に洗濯物を干し、2階や屋根の上にはのぼって見られる物見台があるなど、江戸町側の人々のにぎやかな暮らしぶりがわかるような写真です。

〈ボードイン・コレクション〉

ボードイン・コレクションは、アルバム大3冊、小1冊、そのほか養生所鳥瞰組み写真や火災にあってアルバムから外された写真集に区分されます。大アルバムは、A．F．ボードイン自身、フェリックス・ベアト、上野彦馬、内田九一のほか、東京・横浜方面や各地の写真家の作品も含まれ、なかにはワーグマンの描いた漫画やスケッチをベアトが撮影した写真もあります。小アルバムは明治初期の要人の肖像写真や全国の名勝写真が収載されています。火災にあった写真集には、出島の中で撮影された写真が多数含まれます。

これらのコレクションは、オランダのボードインの子孫から長崎大学附属図書館へ２００７年（平成19年）及び２０１４年（平成26年）に譲渡され、現在、長崎大学附属図書館ＨＰにおいて公開されています。

出島から江戸町を望む　長崎大学附属図書館所蔵

出島から江戸町を望む

江戸時代の出島対岸地の旧町名は、現在と同じ「江戸町」でした。出島が築造される以前から、岬の先端にはキリスト教の教会が建設され、その後も海外貿易の港口として賑わっていました。出島築造にあたり、江戸町の護岸整備もあわせて行われ、護岸に沿って町屋が建ち並び、出島に近い場所に町人の生活空間が築かれました。

世界各地に残る、出島橋の姿

ボードインが出島橋を上流から撮影した写真と、似た構図で描かれている資料はいくつかありまして、中でもミュンヘンの博物館で保存されているものが有名です。

1860年（万延元年）、プロシャの特派遣日使節として、オイレンブルク伯が来日、その公的報告書として、『東アジア遠征記』（1866年刊行）が出版されました。来日時にカメラマンや絵師を同行し、様々な記録を作成しましたが、その中に出島橋や新地の橋も含まれています。このような経緯から、出島橋に関する史料は、オランダや現在のドイツに残されています。

挿図は、オイレンブルク伯の報告書にまつわる刊行本（長崎歴史文化博物館所蔵）からの掲載。ボードイン・コレクションの上流から撮影された出島橋と似たアングルですが、こちらのスケッチでは橋全体を確認することができます。こういった挿図も、手本となる写真があり、写真を基に製作されたといわれています。

東アジア使節公式報告書 プロシヤ国　長崎歴史文化博物館所蔵
オイレンブルク伯（1815～81）は、1860年（万延元年）プロシアの特派遣日使節として来日、同書はその報告書。

青貝細工で描かれた出島の様子

こちらは、さきほどのスケッチと同じようなものになるのですが、古写真を模してデザインをしている漆器の小箱を集めたものになります。長崎歴史文化博物館がお持ちのものです。この中には、幕末ごろの長崎の町並みのいろいろなモチーフが描かれていますが、その中に出島橋のモチーフが描かれています。それとまた、外箱のほうにも出島の中の通りなども描かれており、これも当時の写真を参考に作られたということがわかります。

使用時

外箱　裏側面

内箱　表面

長崎風物図箱　　長崎歴史文化博物館所蔵

長崎風物図箱には、長崎の風景を写した古写真を題材に、その景色を忠実に再現した青貝細工が施されています。風景図は、箱の上面、側面、内部の小箱それぞれに描かれ、出島の景色は、外箱の裏側面に出島内部の通りの様子が、内箱のひとつに出島橋の姿が描かれています。このような細工物は、幕末以降、開かれた長崎を訪問した外国人らに人気を博しました。

護岸石垣の構造があきらかに

今回の江戸町側の発掘調査では、橋の部分に関しては2年くらいかけて長く発掘をしているのですが、それ以外にも、長崎県のほうが護岸の石垣を整備するという工事がありまして、それにあわせて発掘調査に入りました。その際に、このように明治時代の護岸石垣というのがどのような構造であったのかがわかってきました。用いられた積石はすごく大きな石で、砂岩の柔らかい石を切り出して、控えがすごく長くて1メートルくらいありま す。表面は45×45センチくらいで、四角い感じなのですが、控えは長くて、それをきちんとこのように（布目積みに）並べます。江戸時代の石垣は野面石で、積むのが大変で石工さんは「積む石工」という感じがするのですが、こちらのほうは、「加工石工」の世界。どのように加工してブロック状のものに仕立てて積み上げていくかに力点をおいて作業をしているか、ということがわかる明治時代の護岸石垣の調査を行いました。その裏手の方には、江戸時代の石垣がまた出てきております。江戸町側は今公園にしていますが、その中にもまた遺跡が眠っている、ということがわかっています。

中島川護岸整備に伴う発掘調査

江戸時代後期の護岸石垣
手前は明治石垣

明治時代の護岸石垣（上から）

明治時代の護岸石垣（横から）

潟の中に遺されていた木製品

これはかなり下の方まで掘り下げた例なのですが、非常に潟のようになっており、潟だからこそ木製品がすごく残っています。これ、わかりますか？　小さい船の船材、底板かなという感じですが、ここに四角い穴が並んでいる、これが船材の一部でこういう大きなものも出てきました。ここにもいろいろな木製品が漂っているわけですが、ここにまるで土嚢を部分的に敷き詰めたようなものが見えました。井桁上に組んでいるというか、縦に並べているのと横に並べているのと、無造作ではなく非常に意識的に、人工的に土嚢を積んでいるというそういった状況なども見てとれました。例えばここで護岸工事をする際も、前に川の流れに際して補強をしなければいけないとか、護岸の整備を行う際に必要だったのだろうと推察をしているところです。この船材は、長崎県壱岐市の原の辻にある長崎県埋蔵文化財センターに持っていっており、２年くらいかけて砂糖に漬けて専門的な保存処理をしているところです。

舟材の出土と港湾遺構

出島橋をめぐる人々の動き

ここからは出島橋とその時代ということで今度は絵図を見ながら、当時どういった様子だったかを説明していきます。こちらも良く見る絵画史料で、石崎融思が描いた蘭館絵巻になりますが、橋を渡ったあとどうなっているのかがこの絵画史料からよく知ることが出来ます。ここに階段がありますが、これは銅蔵に銅を運ぶために上がって行く、そういう搬入のための艀(はしけ)を付ける小さな階段があります。ここを渡るとここに付属屋があって、ここに小さい戸があってそこから中に入っていく、門番がいて出入りを管理しているということになります。

出島橋の時代とその背景

石崎融思筆　蘭館絵巻（部分）
長崎歴史文化博物館所蔵

上の絵の出島橋と表門の部分を拡大してみました。

渡る前はどうだったかというと、橋の手前には制札場があって、御禁制の札をみて、それで中に入るという状況になっています。こちらは旧出島橋の模型（十四番蔵に展示中）です。橋の図面はさきほど紹介しましたように、石橋の部材が出てきたので、これまでの文献調査に部材の測量データを加えて、橋の復元図面完成にたどりつくことができたのですが、さらに表門が大変だったですね。表門は今現在、復元しているので「あの建物が正解である」と頭から思っていたのですが、出島で江戸時代の建物の復元を行っていくなかで、情報を蓄積していくので、それをもって表門を考えたとき、建築的な研究を進めるなかで「どうもこれは一部違うのではなかろうか」というのが見えてまいりました。それで、今回新しく作る模型はこれまでの調査検討を加味し、もう一度表門がどんなものだったかを当たりなおすという作業を行いました。それで、この模型と今の表門を見比べてみれば、みなさん、今あるものと違うねといった印象を持たれるのではないかと思います。その点につきましては、こういう風なものであったのではないかと情報を更新したととらえていただければと思います。それでさきほど申しました制札場があって、ちょっとした階段があってそれから橋を渡って、大きな門があるということがこの模型で表現されています。

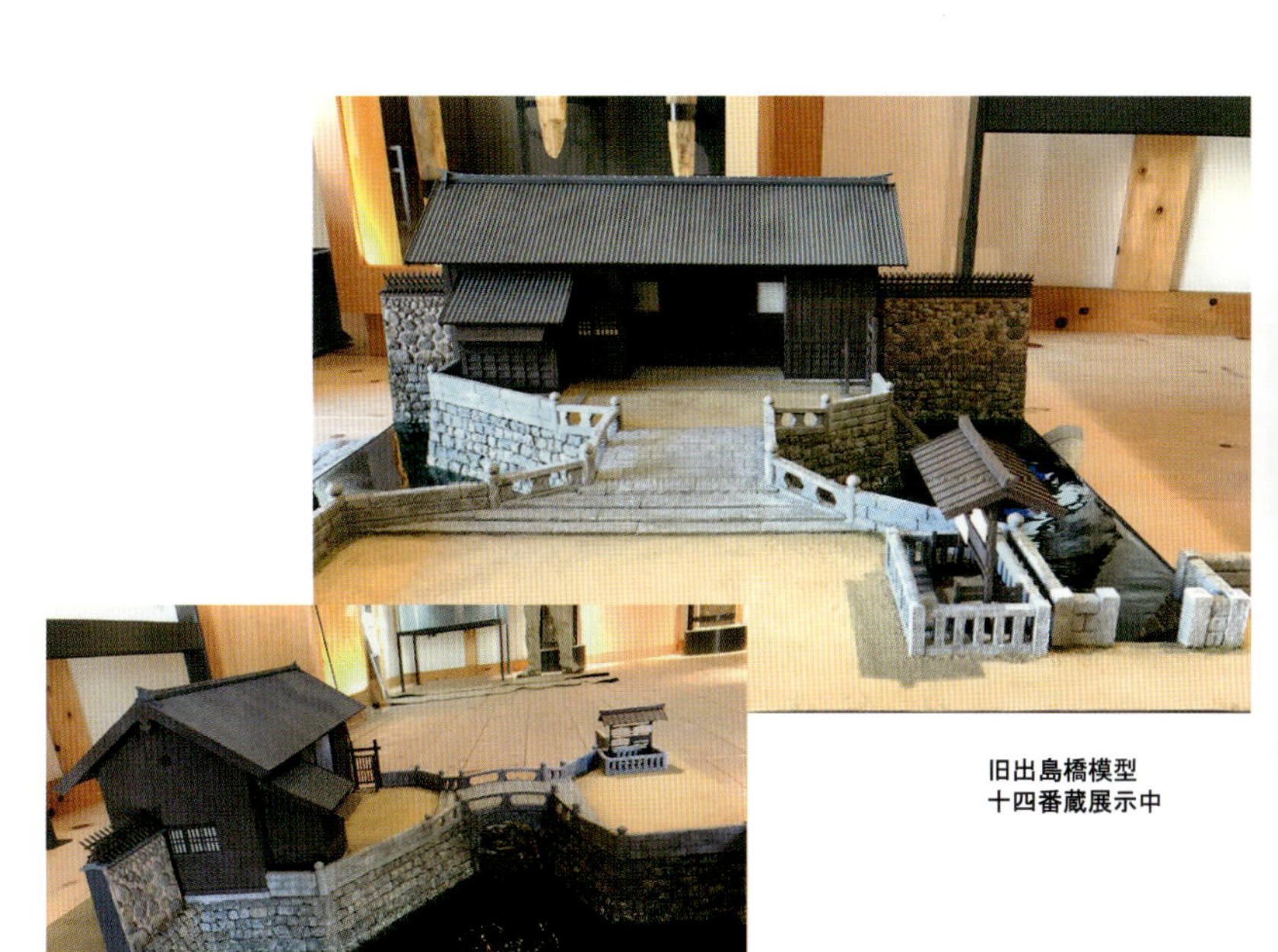

旧出島橋模型
十四番蔵展示中

橋を渡る

制札場のご禁制札

制札場については、こういった「定」ですとか「御禁制」の札が提示されていたわけですが、これも最初は2枚だけという固定観念がありました。それが探索していくなかで、今回は橋が架かるわけだしちゃんと調べてみましょう、と調べてまいりますと、時代によってはこのように3枚あったりする時もあったということがわかっています。1枚目2枚目はこの文言になるのですが、3枚目はじゃあ何だったのかと調べると、内容的には、もう一度抜荷しないように、ということを重ねて禁止する。「絶対だめよ」と、さらにもう一度伝える内容が一枚追加されているということがわかっています。ですので、こんなにたびたび、言っていたということは、抜荷をしていた人がいたのであろうということがうかがえますし、出島の中で起こっていた事件などを伺い知ることができます。

さらに、こういった出島の「門鑑」つまりパスポートのようなものも持ち歩く必要があり、これを門番に提示して、出島の中に入っていくわけですが、札にどういったことが記されていたのかも、当時の実物史料から、わかってきています。

定
抜荷密売は重御禁制ニ付従前々
申渡候趣弥以堅相守唐紅毛人ヨリ
代物を以致直買候者ともハ卿之品
たり共以後死罪たるべき趣

門鑑（パスポート）　長崎歴史文化博物館所蔵

定(さだめ)

日本人異国人御法度背き不依何事(なにごとによらず)悪事をたく
み礼物(れいもつ)を出し頼者有之(たのむものこれあら)ば急度(きっと)申出べし　縦(たとえ)同
類たりといふ共咎(とが)をゆるし其礼物一倍御褒美
下さるべし　若隠置訴人有之(もしかくしおきそにんこれある)においては
可処罪科(ざいかにしょすべき)もの也

卯十月　日

禁制

一、傾城（けいせい）之外女入事

一、高野聖（こうやひじり）之外出家山伏入事

一、諸勧進（かんじん）之者並乞食入事

一、出島廻り榜示木（ぼうじぼく）杭之内船乗り廻る事

附り橋之下船乗り通事

一、断なくして阿蘭陀人出島より外へ出る事

右之条々堅可相守（かたくあいまもるべき）もの也

卯十月

出島にかかる橋の入り口には、制札場があり、数枚の高札が掲げられていました。そのうちの一つは「定」として密貿易を禁止する内容が記され、もう一つは「禁制」として出島への自由な出入りを制限する内容が表示されていました。

門番日誌は情報の宝庫

今申しました出島の門を警備する門番ですが「門番日誌」というのがありまして、正式な名称は「長崎出島御番所出入相改帳」というもの。幕末くらいの史料なのですが、門番が、出島を出入りした人たちについて、どういう人物が何人、いつ入っていつ出たかというものを記した業務日誌です。それだけ？と思うとあまり面白みがないような感じがするのですが、やはりこれも丹念に見ていきますと、いろいろな情報の宝庫であり、そこから出島の実情についていろいろと読み解くことができました。

門番日誌から読み解く

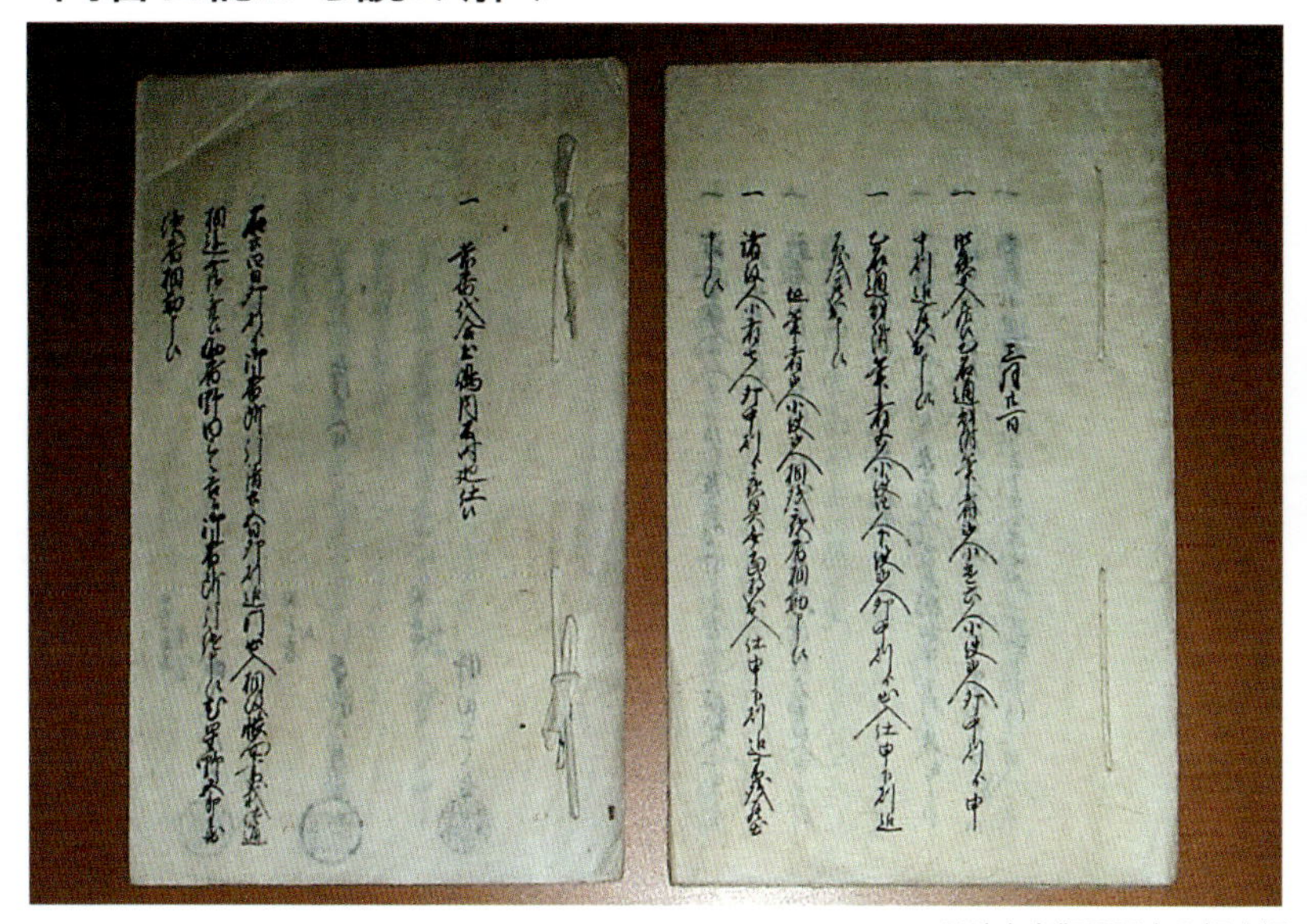

長崎出島御番所出入相改帳
1850 年代

長崎出島御番所出入相改帳
幕末頃に出島表門に勤務していた門番が、出島で働く日本人などの入退出を記録した帳面の一部があります。出島には、乙名をはじめとする役人や、阿蘭陀通詞、人夫、遊女、出入りを許された蘭学者など、ごく限られた者しか立ち入ることができませんでした。帳面にはそのような日本人の肩書、氏名、人数、出入りの時間が詳細に記入されています。記載されている出島乙名の氏名が小田喜三兵衛、高石文次右衛門であることから、嘉永年間から安政頃のものと推測されます。
また、出島に日用品を納めていた諸色売込人（コンプラ仲間）と呼ばれた人達が納品した品物についても、記されています。肉、魚をはじめ、野菜や豆、穀物、酒など、さまざまな食品が見られます。

季節でこんなに違う生活

これは夏に行った企画展のときにつくったパネルの1枚になるのですが、例えばなんですが、夏のある日、春のある日としています。夏のある日はオランダ船が入ってきて非常に賑やかであった日の出島の様子をこちらに書いています。春のある日はオランダ船がいなくて、わりと暇な日ですね。それがどうだったかを書いています。夏と冬では、時間帯の区分なども違います。昔は不定時法ですのでそのあたりを加味してまとめてみたのですが、夜明けに日が昇ると同時にたくさんの人物が出島に入ってきて、昼間の時間帯はあまり動きがないのでちょっとゆっくりしているかなぁという感じで、夕方日暮れとともにみなさんいっせいに仕事を終えて帰っていくという様子が書かれています。たいがい、400数十名の方が夏のある日に出入りをしたことがわかっているので、出島橋を渡って日本人がいっせいに来て、また帰っていくという、のべ800人が通ったということがわかっています。逆に春のある日は本当に人数が少なくて、館を運営するのに必要な人たちがパラパラと入っては、またパラパラと出て行くということがわかっています。

「出島橋と表門橋」展オープニングの会場の様子。多くの来場者で賑わうなか、中央で説明しているのが著者。

6月頃にオランダ船が長崎に到着すると、貿易品の荷揚げが続き、出島は忙しく賑やかな日々が続きます。江戸時代は不定時法であったため、夏は日中の時間が長く、日の出から日の入りまで、働きました。
この日は、朝早い卯の刻から辰の刻ころまでに、貿易の仕事を行う役目の人々が出勤し、夕方の申の刻頃に帰りました。また、オランダ船の入港もあり、夕方の申の刻にも、多くの役人が勤務する特別な一日でした。この1日で表門を出入りした人数は、約450人になります。

夜当番おつかれさま。帰ります～。
引継ぎがあるから、ひとり残ってね。
(御役所付、船番、町司)

今日の当番の番人さんが出勤！
(船番、町司、探番、小使、下使)

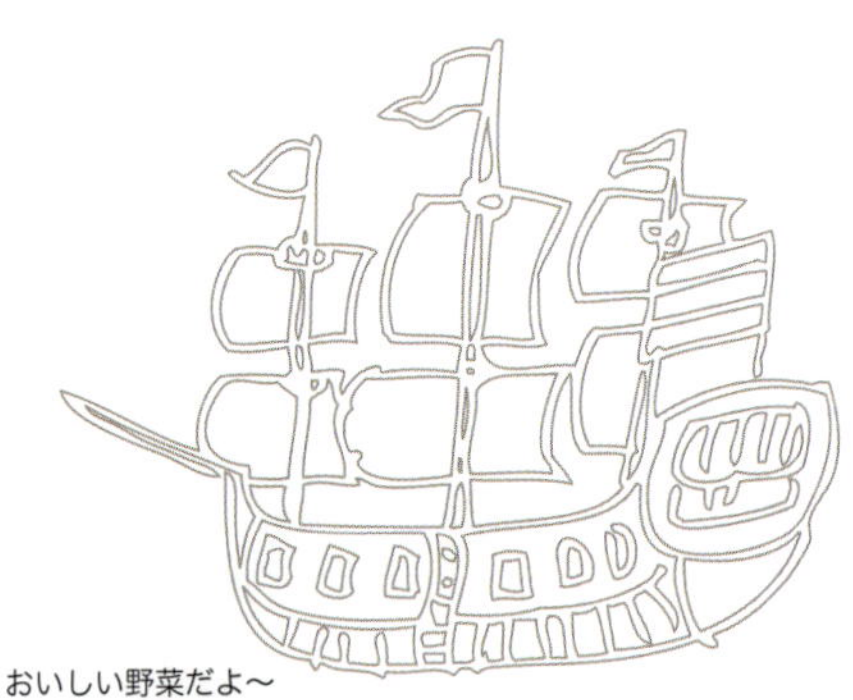

日の出 出勤ラッシュだ！

筆者も通詞もぞくぞく出勤！
今日は忙しくなるぞー！
(乙名、通詞付筆者、諸役人、蒸気船掛)

野菜、お持ちしました～！
(諸色売込人、日雇)

おいしい野菜だよ～

偉い通詞さんたちと、出島出入りの
商人たちも集まってきたよ！
(乙名、組頭、通詞、出島出入町人)

お目付役の役人さんたちと、
鑑定をする目利たちも出勤。
どんな品物があるかな？
(御検使、長崎会所役、筆者、大通詞、目利)

どこだい？
壊れてるのは？
おいしい水だよ～

水、お持ちしました～！
(水桶方日雇)

大工も出勤！きっと忙しい日になるぞ。
(通詞雇大工)

貿易の進み具合はどんなかな？
お役人さんがチェックするよ！
(精荷役立会乙名)

はよ、せんばいかん～

でじま門番日誌

夏のある日

7月9日　忙しい一日

オランダ船が来て、貿易を行っている季

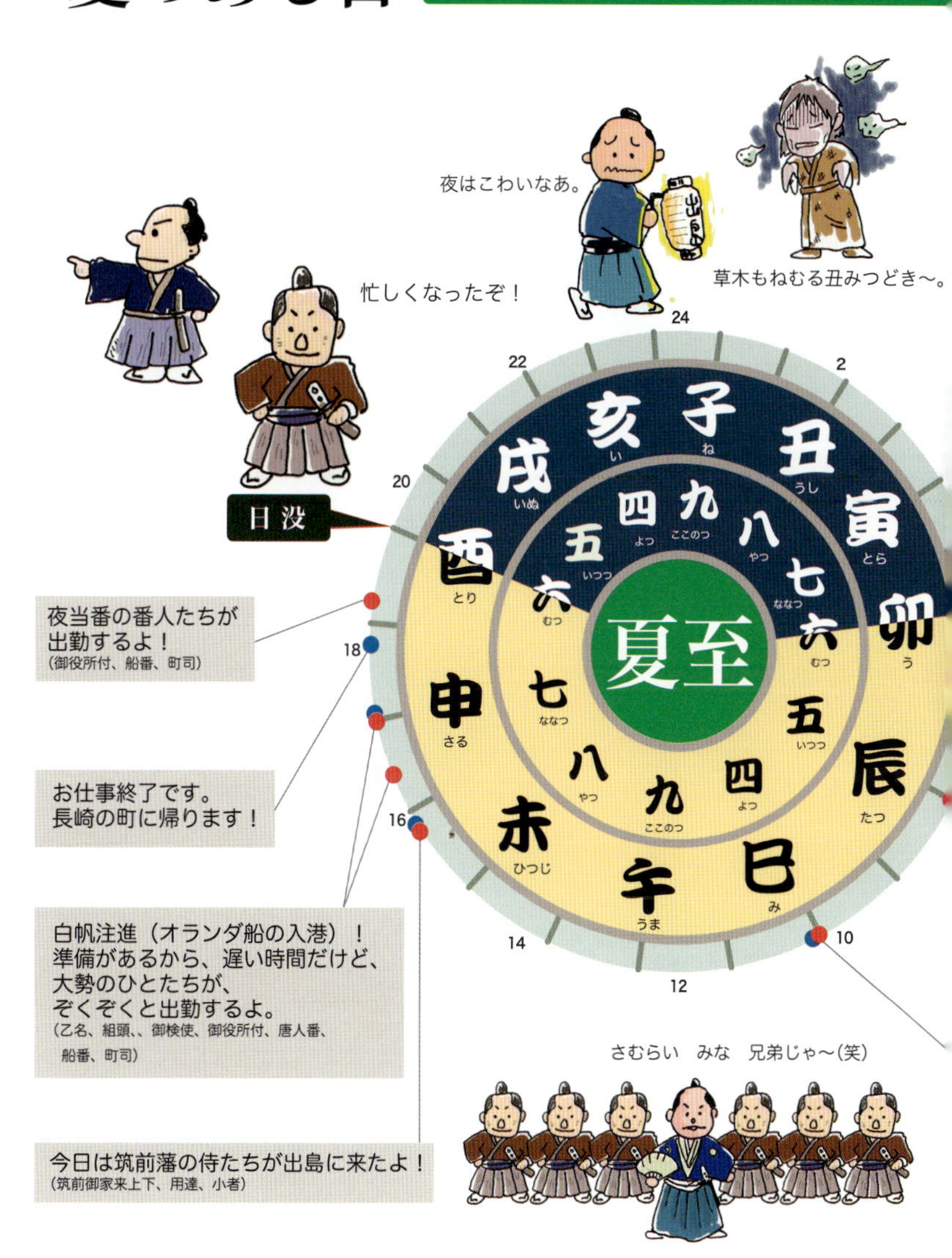

11月頃にオランダ船が長崎を出港すると、忙しかった日々が終わり、出島の維持管理を行う静かな日々を迎えます。朝、卯の刻から辰の刻ころまでに、出島の番人や当番の通詞は出勤します。日中も、昼前後に、役人や通詞が出入りしますが、滞在時間は短く、様子を確認して、すぐに帰ります。この日は、1 日を通して約 140 名の人々が出島を出入りしましたが、もっとも多かったのは、大工とその日雇 29 名で、施設の修繕がこの時期の一番の仕事であることがうかがえます。

表門の番人、1日勤務です！
（唐人番、船番）

日の出

今日の当番の番人と事務員さんが出勤！
（乙名、通詞付筆者、諸役人）

野菜、お持ちしました～！
（諸色売込人、日雇）

大工が出勤！こわれている建物を修理します！（通詞雇大工）

水、お持ちしました～！
（水樋方日雇）

通詞と日本人料理人も出勤！
（内通詞小頭見習、料理人、阿蘭陀部屋働の者）

江戸時代の時刻

不定時法

江戸時代は、日の出と日没を基準とする不定時法が使われ、日の出およそ３０分前を明け六つ、日没およそ３０分後を暮れ六つとし、その間を昼夜それぞれ六等分しました。時刻の呼び方には、十二支と数が使われ、数は九つから四つまで数え、また九つに戻ります。季節によって昼と夜の長さが異なるため、不定時法では一刻の長さが違ってきますが、人々は時の鐘の音で時刻を知りました。

忙しくなる前に、修理せねば。

でじま門番日誌

春のある日

3月21日　のどかな一日

オランダ船がいない季節

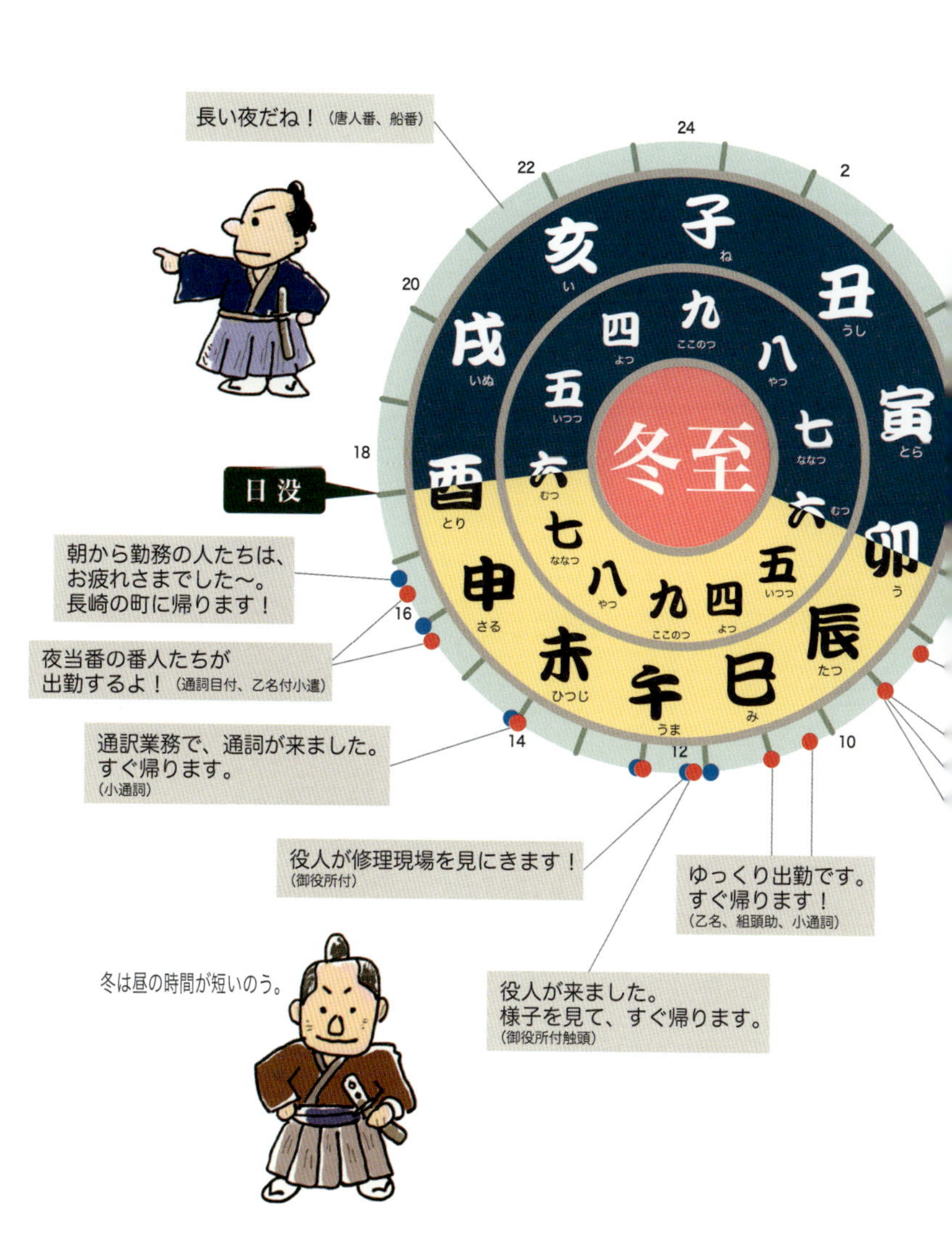

第三章

新しい橋がやってきた

出島表門橋の架橋は市民参加型イベント

ではここから新しい橋のことを説明していきたいと思います。こちらは出島の表門橋が架設された２０１７年（平成29年）２月27日です。動画をとっていますのでごらんください。動き出しましたね。２月のある１日の光景になるのですが、ここにはたくさんの市民の方々にきていただき、出島の場内を開放してその様子をみていただくという、市民参加型イベントになりました。こんな感じで架かっているわけですが、この時に大きなクレーンを使ったのですが、長崎にはなかったので福岡から運ばれてきました。組み立てるのに１週間くらいかかりました。その後にまた解体に１週間かかったのです。架橋そのものはたった１日ですが、それに際して大掛かりな設備や工事でいろいろな関係者の方にご協力いただいて、船で海を運んだり、夜間に道路を封鎖して運びこんだりして架橋にこぎつけました。橋は架かるまではみなさんわーっと盛り上がってみていたのですが、その後、あまり大きな動きがなくて…いつ終わったのかあまり良くわからなかったという声もありました。工事第一優先でやっておりましたので、誰もケガもなく安全に終わってよかったよかったというところです。私はこの辺におり、「工事立会いだ」と言いながらこんな大きな工事立会いはもう２度とないかなとか言いながら、写真を撮ったりしておりました。

出島表門橋架設　2017年2月27日

台船で運ばれる出島表門橋

夜間の輸送作業

架設前の準備状況

架設の瞬間

広い川幅をまたぐ40メートルの橋

これは今架かっている橋です。皆さん、もうご覧になったかもしれないですね。橋の長さは40メートル弱ありまして、4、5メートルの石橋の時代とはまったく異なります。設計士さんがこれを設計デザインするにあたって、「出島の景色になじむものにしたい」というコンセプトの元に設計をされています。それである部分ではあまりにも調和してしまって橋そのものが見えないようなときもあるのですが、横から見たり、上から見たりすると、存在感があります。この橋を渡って出島に入ることで本来の出島の機能をより知ることが出来る、そういった新たな橋が11月に架かりました。この橋が架かる事業に際して、いろいろな気づきがありました。これまでは出島の整備事業は建物の復元がメインでやっており、それに伴い展示や活用を考えていたのですが、橋がかかるにあたっては、橋とその背景があり、建物や景観、空間に調和していることにいろいろな場面で気づかされました。

新たな出島への入場口
出島表門橋

橋長38.5m　全幅4.4m
架橋年2017年

例えばこれは今の出島橋なのですが、この背後には居留地時代に建てられた出島神学校という洋館がありますす。これが一緒に写りこむことによって出島橋が際立つということがあります。このように時代背景が同じものを意識して、空間を作りこむことによって、それを形作る建物や橋などの構造物などが一体となって魅力的な景観が作られるということが出島の中に残っているんだなということも気づかされました。

水色の鉄の橋　出島橋

橋長36.7m　　　全幅5.5m
架橋年1890年　　移設年1910年

「架け橋」は何と何をつなげるのか

これまでずっと橋の話を終始してまいりましたが、出島にとっては「架け橋」ということで、いろいろな架け橋があるなということを私達はいろいろ考えているところです。その一つとして〝日蘭の架け橋〟ということで、オランダのマーストリヒトという都市と一緒に展覧会を行うという、新たな架け橋を求めた企画を行っています。これは、出島にまつわる西洋陶器についての展覧会で、イギリスに始まり、オランダのプリントウェアについて、詳しく紹介しています。

もう一つ、今週末の土曜日に行われる会議で、オランダ商館ヘリテージネットワークというものがあります。主だったアジアのオランダ商館が集まり、ネットワークを作り、その中で情報共有をしながら問題解決を行う。新しい枠組みを作り、オランダ商館の歴史的意義を高め、周知していこうというものです。この「架け橋」という言葉から連想できる新たな事業を展開していこうと思っております。皆様にもホームページなどで発信していきますのでご注目ください。いったんこれでお話終わらせていただきます。

Sporen van Regout in Nagasaki

オランダ
マーストリヒト地方新聞に掲載された記事
2015年6月17日

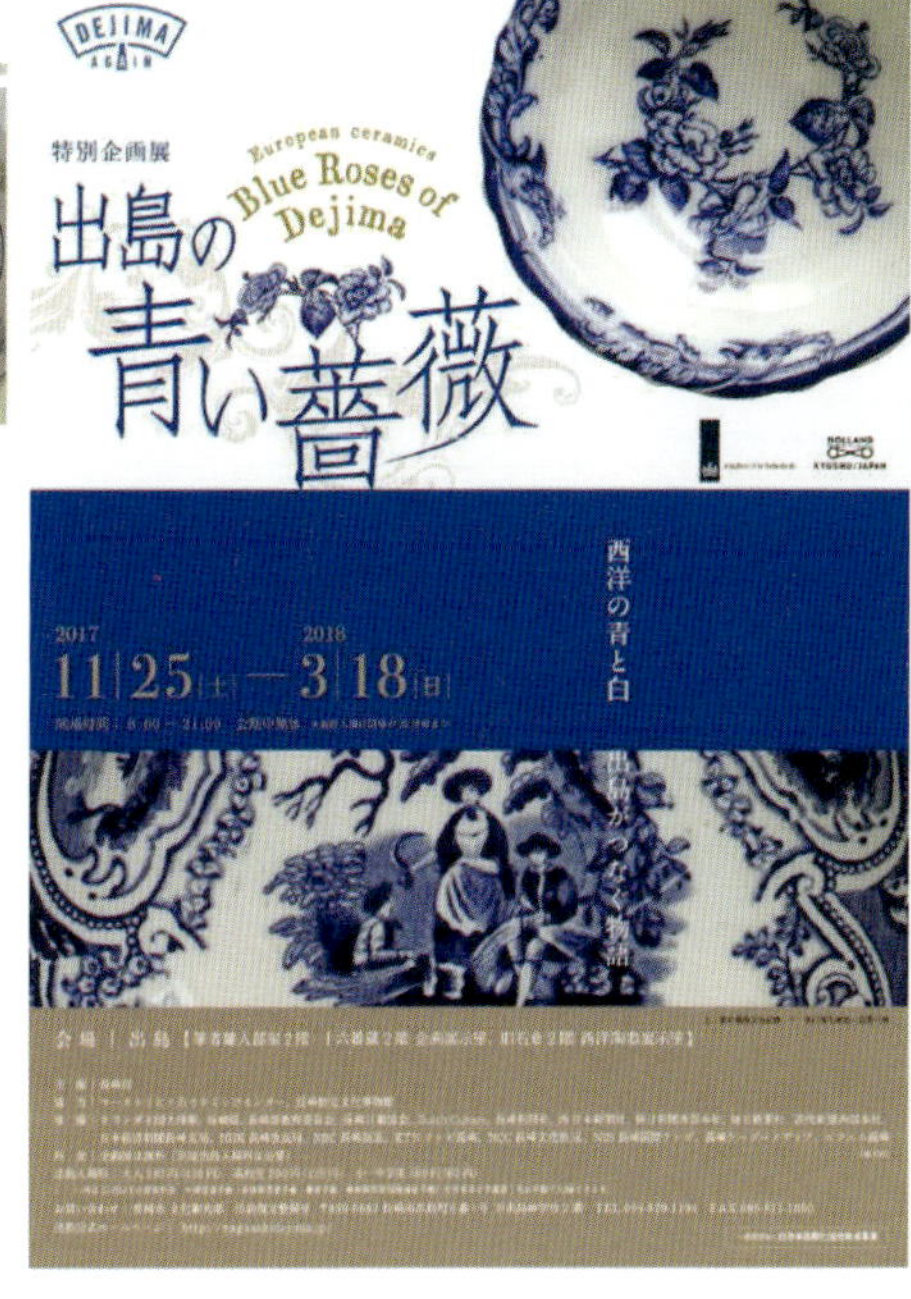

合意文書署名後の記念撮影
エラスムスハウス
駐ジャカルタ オランダ大使館にて

Dutch Trading Post Heritage Network
1st Meeting 2015年5月18～20日

第四章 来場者との質疑応答

出島表門橋は支点が1ヵ所

ここからは長崎文献社の堀憲昭編集長がコーディネーターとなって、会場のみなさんからの質問について、山口美由紀さんにお答えいただきます。

堀：橋といえば長崎は眼鏡橋をはじめとする石橋がたくさんあります。橋に対する長崎人の思いも特別なものがあると思われます。出島表門橋を渡られた方いらっしゃいますか？あ、たくさんいらっしゃいますね。ではそういう視点もふくめてご質問があれば後でお手をあげてください。先に私から。この出島表門橋は、設計では、支点が1点しかないということを聞いたのですが、そういう構造はどこが評価されて採用されたのでしょうか。

山口：本当は川の中に1本だけなら橋脚をたててもいいということを河川の法令上は言われていたのですが、それは景観的にも安全面でもないほうがいいだろう、ということになりました。見え方もありますから。そのような状況の中で出島側は国指定史跡ですのでまったくそこに杭的なものを打つことが出来ないという条件がありました。そこで江戸町側だけに支点を設けるということになり、今言われる片持ち式の橋になりました。

堀：私も渡ったのですが、かすかに橋が揺れていますね。それで、あ、揺れないといけない構造に、設計上なっているんだなというのがわかりました。挙手してください。

架け替えの費用はどちらが?

質問者①：1つめは長崎の木橋は流出した歴史が知られているが、出島橋はどうか。2つめ木の橋から石の橋に変わるとき、どちらが費用負担をしたのか。オランダ側か、長崎側か。

山口：1つめの質問の、石橋の流出の歴史について。出島橋については架け替えの歴史についてては、文献上はわかっているのですが、流出したという具体的な記述はないのです。ただ、日本側の史料をみていきますと、高覧の手すりが流されてなくなったという記述はあります。ただ石橋本体が流れたという記述はない。高覧の部分は落ちてそれを補填してというのはわかっている。今回見つけた笠石も、タイプが2種類あるというのがわかりました。このため、石橋の手すり（笠石）だけみても変化しているわけですから、石橋がまったく無傷のまま最初から最後まで残っていたということは、なかったと思います。もう1つ費用負担ですが、手すりがなくなった後の補填というのも日本側が負担したようなので、架け替えについても日本側ではないかと推測しています。

潟から出てきた木の舟や橋の柱

質問者②：2点。潟のところで木の舟が出てきたけれどどのあたりになるのでしょう。あと今展示されている橋の柱ですが、くりぬかれて灯篭として利用されていたのではないかというものですが、あれはどのあたりにあったのか教えてください。

山口：1つ目のご質問の、潟の中の船ですが、あれは今の鉄橋の出島橋のたもとの部分にありました。今、その部分は県の方が石段を作っている。その真下から出てきた船の部材です。昔の川が流れてきて広がっていく裾野の角地にあたるところになります。もう1つ、表門の出島橋の灯篭ですが、あれはもともと工事のときに関わった方のご子孫の方が代々受け継がれていた親柱です。実際には今展示している2つの親柱はどこから出てきたかというのは明確には伝えられていません。その中で新しい調査として、ここの角のところがどのように切り込みがあるのか（親柱が他の石と接合する箇所）ということで、親柱、控柱のどこの部分にあたるかを調査しています。それでも2次的な加工などもされているので厳密にそこを、決定することは難しいのですが、橋があると4つの擬宝珠がある親柱があり、対角線上でここだろう、ここだろうということを検討しています。いずれにせよ、あのような親柱（控柱を含む）は計8本あったので、それらがどこにあったかというのを推測している最中です。

木の橋から石の橋へ

質問者③：第一に質問された方に関連するのですが、年代を教えてください。木の橋はいつからいつまで、石橋はいつごろからいつごろまで。年代を西暦と和暦で教えていただけませんか。

山口：もともと最初にかかっていたのは1636年（寛永13年）に完成した時代からなので木橋の時代になります。そのあとに、1678年（延宝6年）石橋に替わりました。

どうもありがとうございました。

第五章

出島にまつわるお話、いくつか

出島の橋、いろいろ

1　旧出島橋

出島の中央、扇の要にあたる箇所に、江戸町から出島に渡る唯一の橋が架ります。１６３６年（寛永13年）の出島完成当初は、木製の橋が架けられていましたが、その後１６４２年（寛永19年）に新しい橋に変わり、さらに１６７８年（延宝6年）に木橋から石橋に架け替えられました。

木橋とアーチ石橋は構造が異なるため、橋が変わることによって、橋の基礎となる橋詰も大きく変化したことがうかがえます。その後、石橋は長らく出島に渡る入口として使われ、出島橋を代表するイメージとして定着しました。

出島に最初に架けられた木橋については、その長さや幅は分かっていませんが、絵画史料に描かれた出島の一部に、木橋と思われる姿を見ることができます。石橋は一連のアーチ橋で、出嶋歩刻之図によると竪二間一尺、横二間二尺と記されています。

2　出嶋橋（鉄橋）橋長36．7m　全幅5．5m　架橋年1890年　移設年1910年

現在の出島橋は、１８９０年（明治23年）に中島川の河口に架設された新川口橋が、１９１０年（明治43年）に現在地に移築されたものです。この橋は、供用されている日本の道路橋の中で最も古く、長崎市が誇る近代化遺産の一つです。鉄製のプラットトラス橋で、

構造部材は大きなボルトで結合されています。材料はアメリカから輸入し、大日本土木会社の岡實康の監督の下で架設されました。

１８８５年（明治18年）年から行われた第1次長崎港港湾改修事業により、長崎市街地沿岸部の道路が近代的な道路に整備され、また沿岸部の橋梁は、伝統的な日本式の木橋から、近代的な橋梁技術により設計された木鉄混交のトラス橋に架け替えられました。

出島橋も、これらの橋のひとつにあたります。蝙蝠をモチーフとした橋名板には、現在地に解体移築した明治四十三年の記載があり、出島内に現存する旧出島神学校とあいまって、明治時代の出島を今に伝える貴重な歴史的空間を形成しています。

（出典参考：土木学会ＨＰ）

3　出島表門橋　橋長　38.5m　全幅　4.4m　架橋年2017年

出島に向かって海を渡る、かつての動線を再現するため、旧出島橋と同じ位置に新たな出島表門橋が架橋されました。国指定史跡である出島を削り、橋の基礎を作ることが出来なかったため、片方の岸から橋を支える、世界でも稀な工法を採用しました。まるでシーソーがバランスをとったような特徴的な構造の橋は、欧州の橋梁技術者ローラン・ネイ氏の設計によるもので、最先端の構造解析技術と長崎の造船技術によって、この場所ならではの橋が実現しました。この橋は、長崎市民をはじめ広く国内外の皆様からの寄付による出島史跡整備基金を活用し、つくられました。

れ見学会

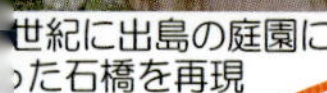
世紀に出島の庭園に
った石橋を再現

十四番蔵―石橋の親柱と橋の模型を展示

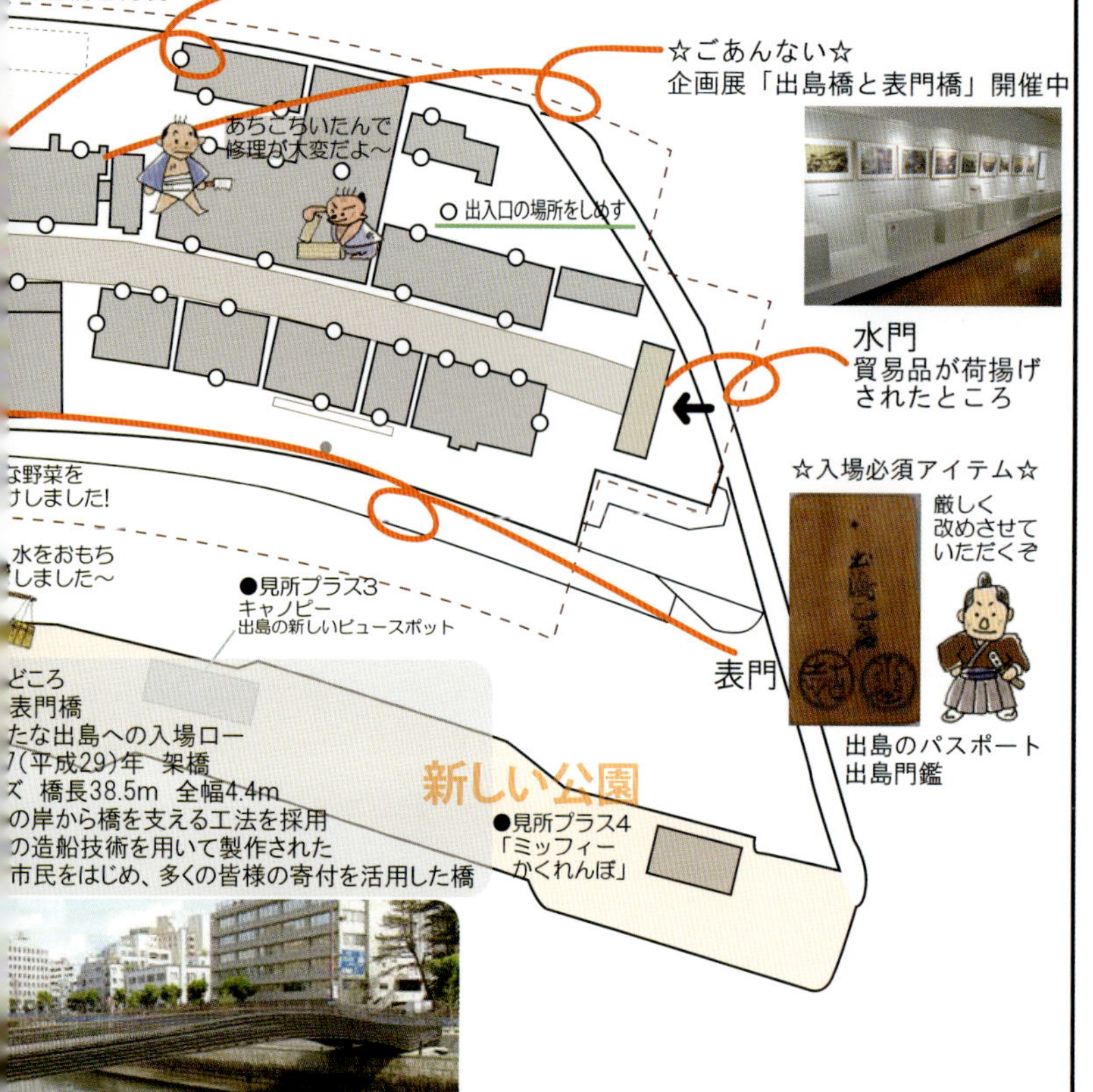

長崎市　出島復元整備室

2017年8月27日に行った出島の橋イベントで配布した見学会

石橋の消失　中島川の変流工事

1859年（安政6年）出島のオランダ商館は廃止され、1866年（慶応2年）には外国人居留地に編入されました。この頃には建物の洋風化が進み、洋風住宅や石倉が建てられました。

出島周辺は、外回りを継ぎ足す拡張工事が順次行われ、次第に出島の姿は変わっていきました。

1883年（明治16年）から第1次長崎港湾改良工事が行われ、長崎港に堆積する土砂を取り除くとともに、中島川を出島と江戸町の間に通すための中島川変流工事が行われました。その結果、出島の北側が平均で約18m削られ、このときに出島橋も撤去されました。

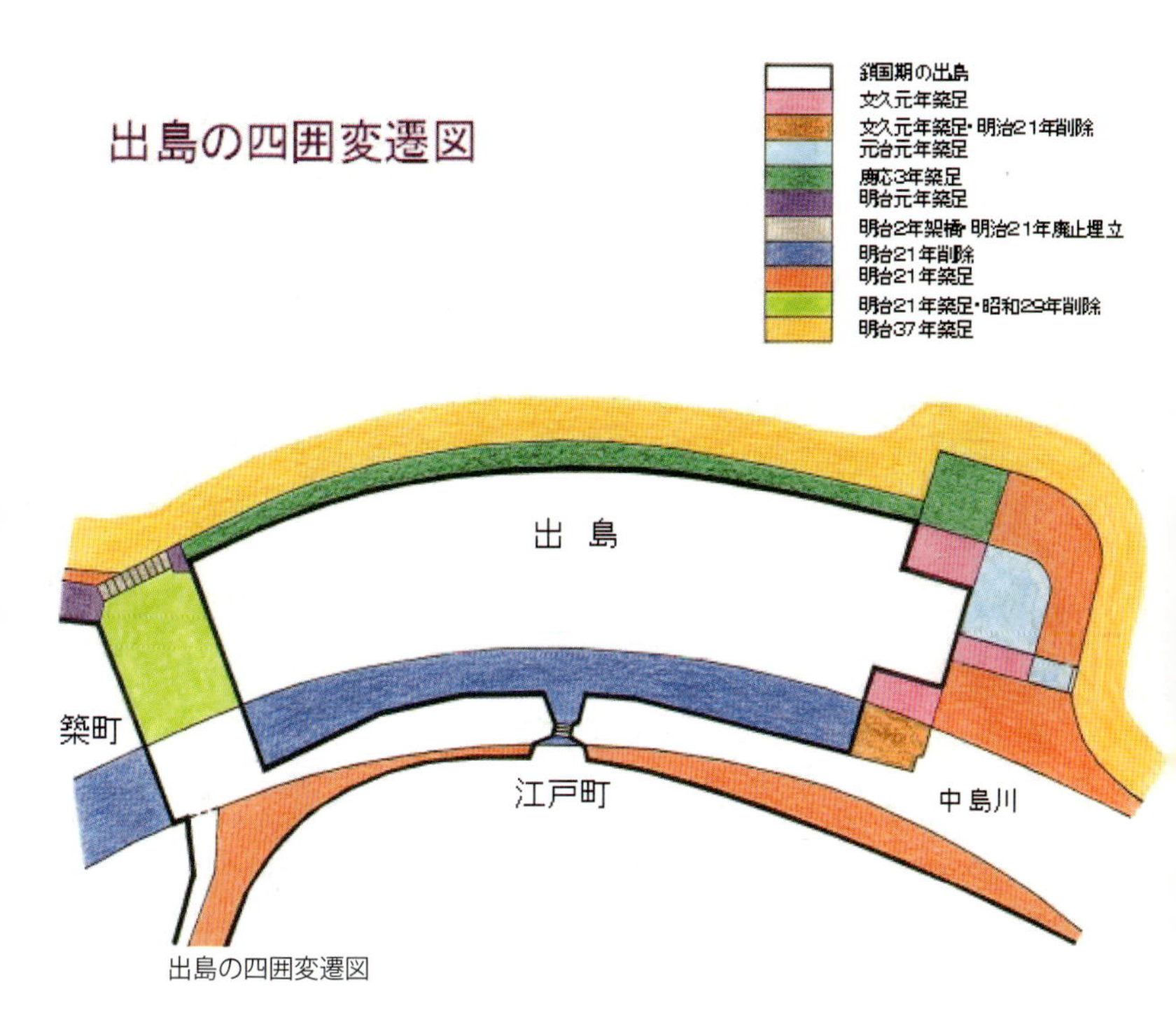
出島の四囲変遷図
鎖国期の出島
文久元年築足
文久元年築足・明治21年削除
元台元年築足
慶応3年築足
明台元年築足
明台2年架橋・明治21年廃止埋立
明台21年削除
明台21年築足
明台21年築足・昭和29年削除
明台37年築足
出　島
築町
江戸町
中島川
出島の四囲変遷図

長崎港港湾改修事業

江戸時代を通して、長崎港では、度重なる護岸の拡張や改修が行われましたが、明治時代になると、さらに近代的な港を形成するため、２度に渡る大規模な港湾改良工事が行われました。

第１次長崎港港湾改修事業は、１８８２年（明治15年）に着手され、１８９３年（明治26年）に竣工しました。主な事業として、湾奥部の沿岸の浚渫、大波止から湾奥部の沿岸の埋立て、中島川の変流が行われました。このうち出島にとって重要な事項である中島川の変流工事は、１８７７年（明治10年）に内務省の楢林高之とデ・レーケによって長崎港とその周辺の調査が行われ、明治15年の報告書にて、変流工事が提案されています。１８８６年（明治19年）から、実際に中島川の工事に着手し、１８８９年（明治22年）に竣工、この工事によって、中島川の川幅が南側にとられ、その結果、対岸の江戸町側が迫り出し、出島の北側が平均18ｍ削り取られました。

中島川変流工事は、銅座川や中島川から流れてくる川水を、出島前でカーブさせ、出島の北面を通って長崎港に流そうとする計画でした。変流工事を実現するために採用された曲線を意識した設計は、近代の土木技術の特徴の一つです。現在も、この中島川変流工事で整備された明治時代の護岸は、中島川の河川護岸として現役であり、出島の北東側に位置する現在の出島橋や、北西部に位置する玉江橋から見ることが出来ます。

１８９７年（明治30年）から始まった大規模な第２期長崎港湾改良工事によって、出島周辺の埋立てが進み、出島は周囲と陸続きになりました。

出土遺物　江戸町側発掘調査出土品
欧字文散蓮華　江戸時代後期　肥前磁器・亀山焼か

蓮華の皿の部分で、内側に「JEDOM…」の欧字文が記され、側面に通称タコノマクラと呼ばれる江戸町を著す紋が記されます。タコノマクラは江戸町の欧字JDMの綴りを飾り文字風にアレンジしたもので、オランダ商館から江戸町にその縁の深さから贈られたものと伝えられています。長崎では、諏訪神社の秋の大祭長崎くんちにおいて江戸町が奉納するオランダ船の船旗にこの紋章が受け継がれています。類似の磁器皿が伝亀山製として、神戸市立博物館に所蔵されていることから、この蓮華も亀山製で、卓袱料理用の食器の一部と推察されます。

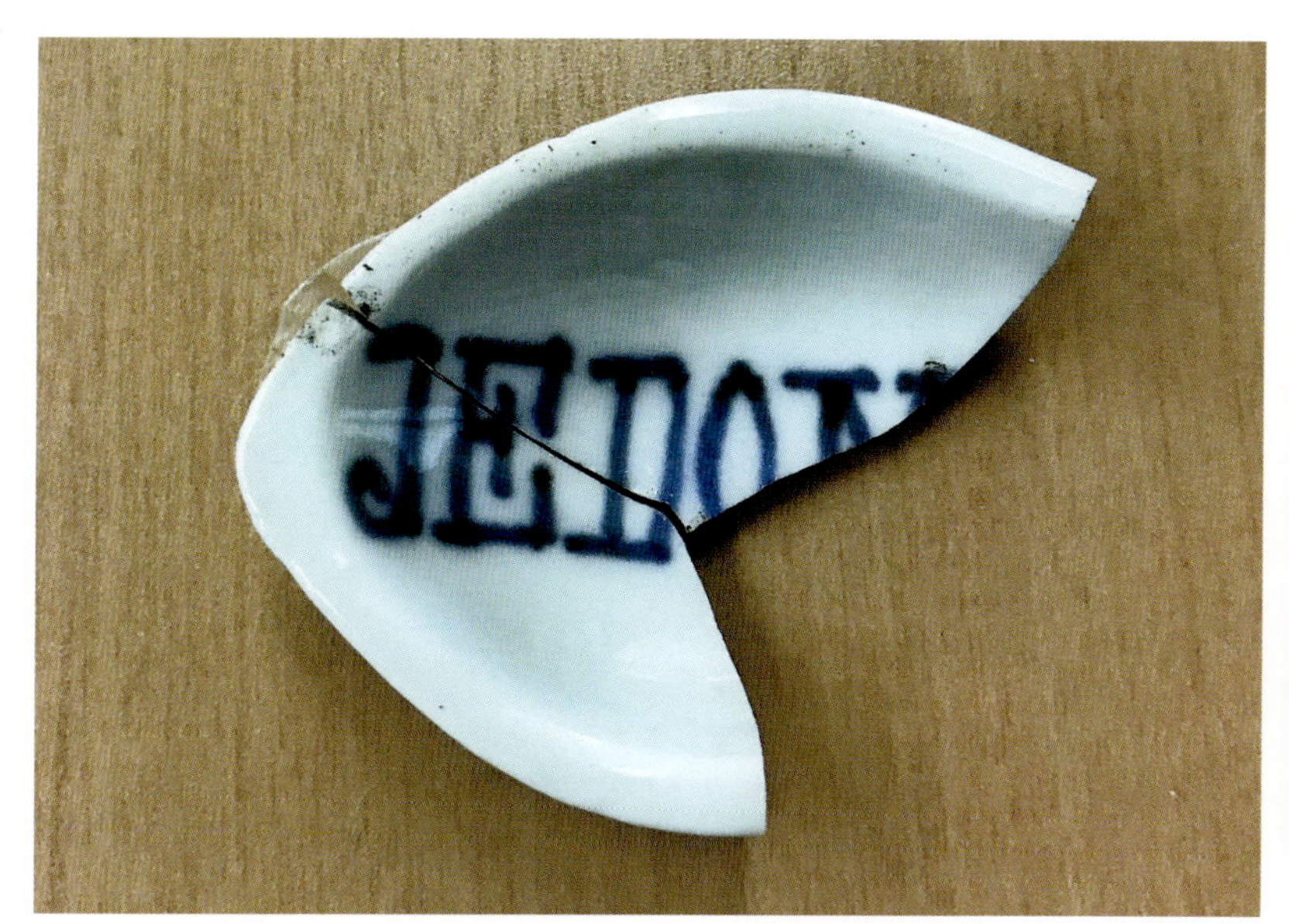

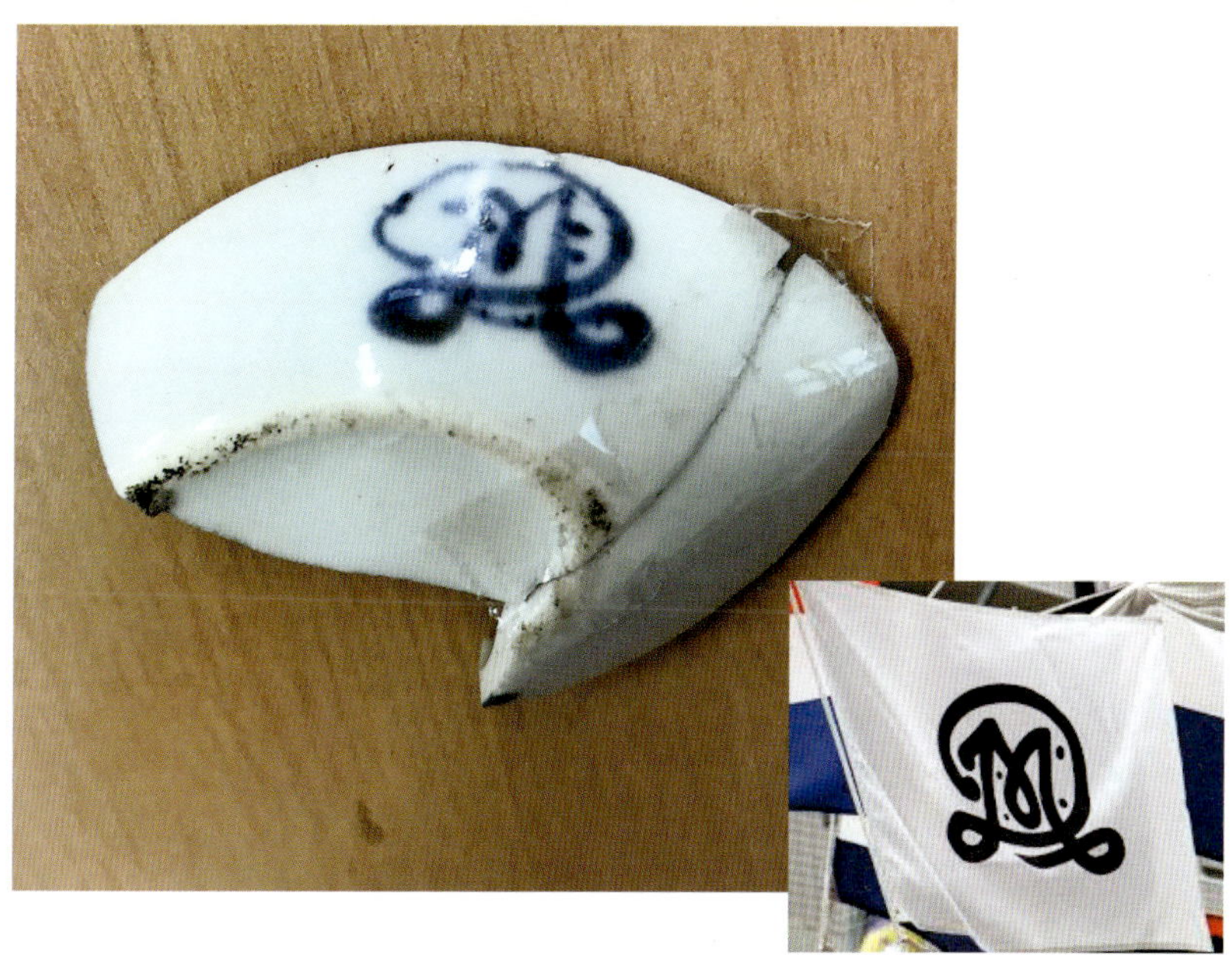

江戸町　オランダ船の旗に描かれた江戸町の紋章（町印）

染付コンプラ瓶　幕末～明治時代　波佐見焼

コンプラ瓶は、幕末頃、瓶に醤油や酒などを詰め、出島から海外へ輸出された貿易品の一種です。名前の由来は、仲買人を意味するポルトガル語のコンプラドールに由来します。出島では、護岸石垣の外側に大量に投棄された状態で出土する事例が多く、江戸町からも護岸石垣の外側からまとまって出土しました。なかでも、珍しいのはコンプラ瓶に木栓が残っていることです。川に近く、水分の多い土中に廃棄されていたため、木質部分が往時のまま残存していました。これは、使用済みの瓶ではなかったことを示すため、中身が入ったまま、事情があって捨てられていたことがわかります。

染付の文字には、酒をあらわす「JAPANSCHZAKY.」と醤油をあらわす「JAPANSCHZOYA.」が描かれますが、たまにアルファベットの綴りが異なるものも見られます。これらは、江戸時代後期には手描きされ、明治時代になると型紙摺りで染付されます。

江戸町の一角は、コンプラ仲間が詰めていた場所でもあるため、出島と江戸町に所縁の深い資料です。

江戸町出土　コンプラ瓶

醤油瓶

酒瓶

出島出土　コンプラ瓶

西洋製靴底・金蒔絵木製櫛　江戸時代

水の中の発掘調査では、普段の土の中の調査で見つからないものが出土します。革製の靴底は、通常、酸性の強い土の中では消滅してしまいますが、ここでは、片方の靴底が見つかりました。上端部がまっすぐであるため、つま先部分が跳ね上がる西洋のスタイルの靴と思われます。

また、金の蒔絵が描かれた木製の櫛は、日本人女性の持ち物でしょう。粋に装った長崎のご婦人の姿が想像されます。

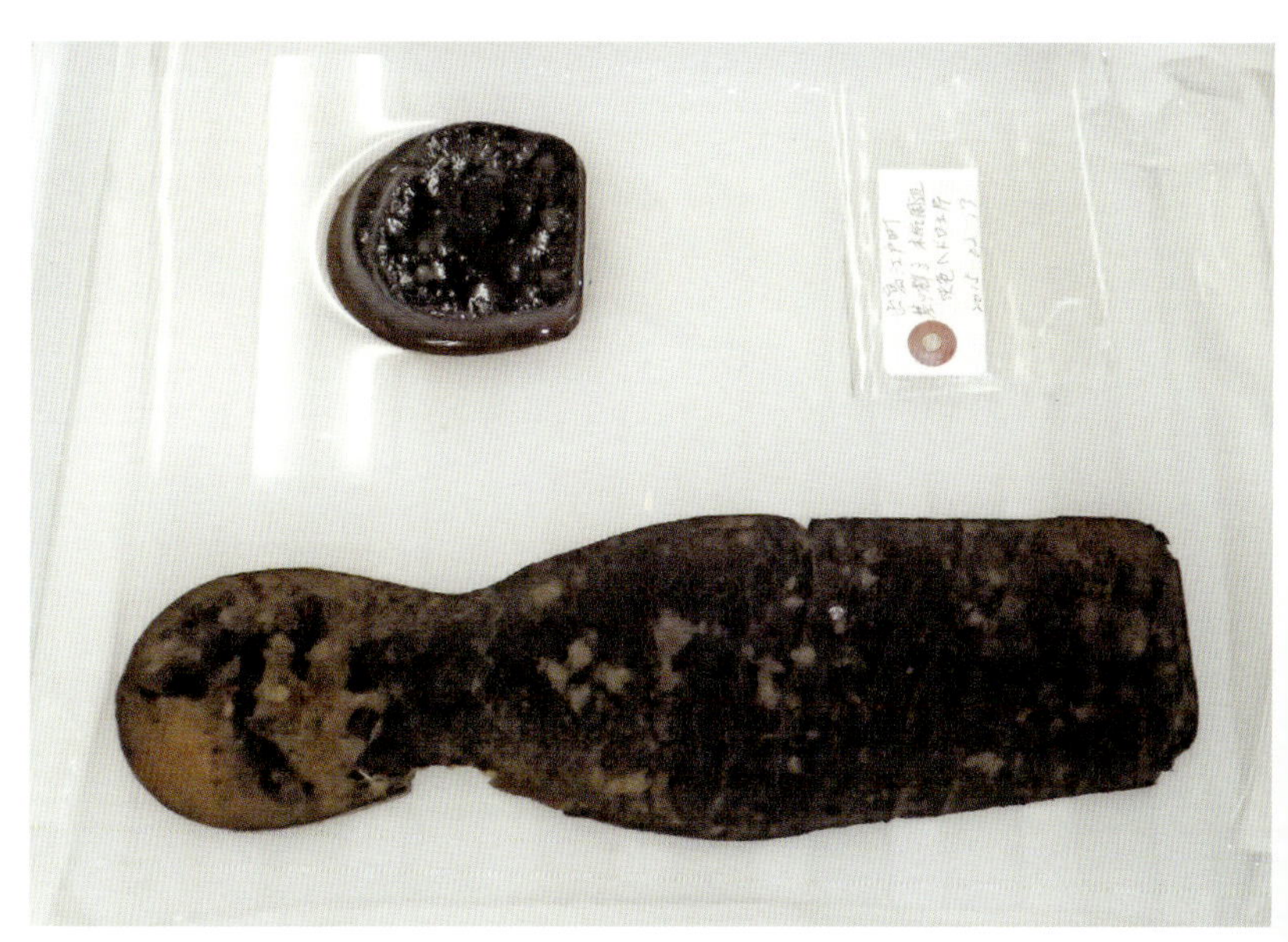

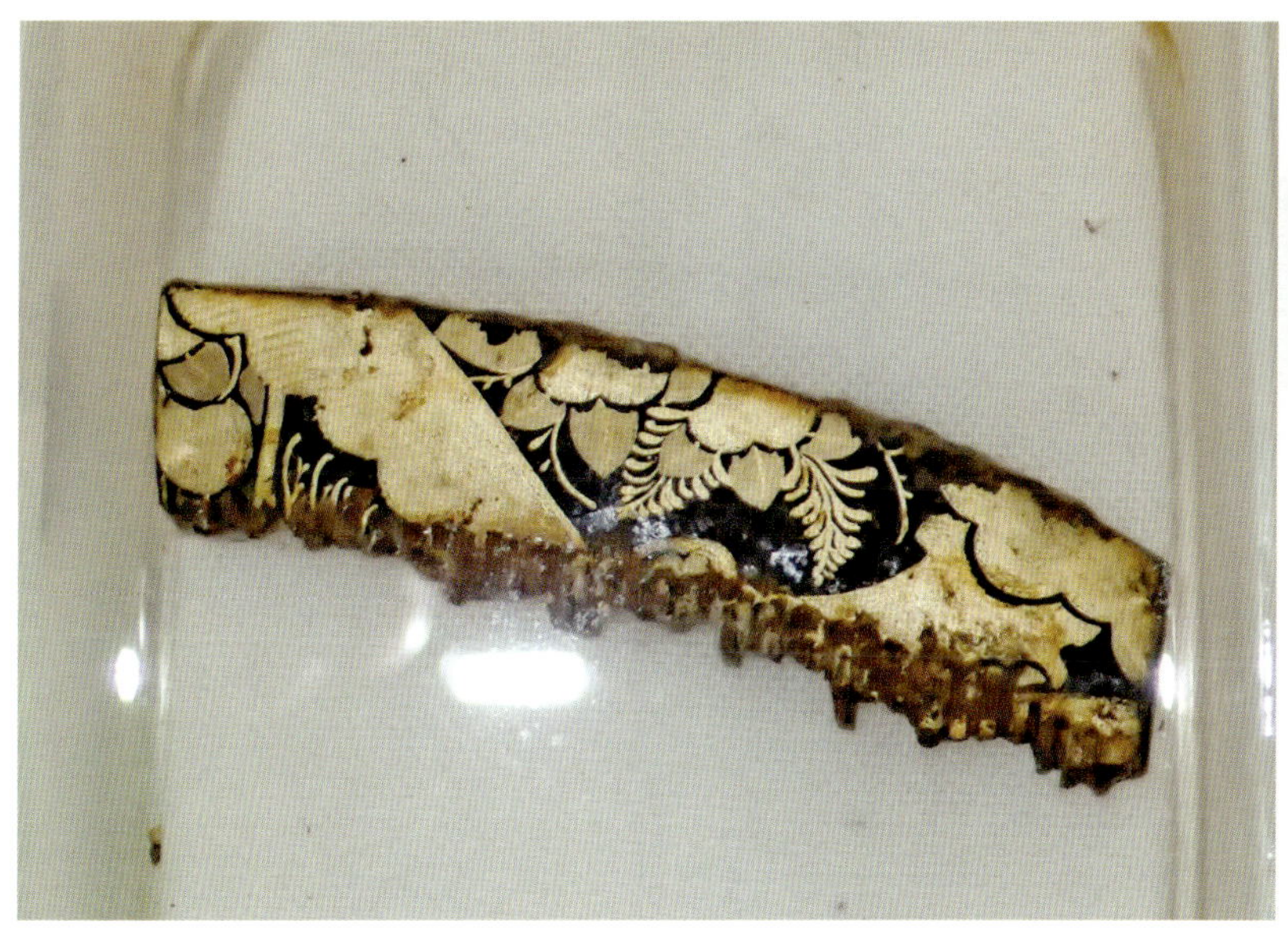

第六章

交流の海

『樂38号』（イーズワークス発行）より転載

帆船が連なる港。16、17世紀頃のマラッカやジャカルタの港には、強い憧れがある。大海原を航海し、島々を巡り、熱帯雨林のジャングルを掻き分ける。この時代、本当に島々を旅した人たちがいた。出島に来航したポルトガル人、オランダ人たちもその一員であった。

古の港で出会ったヨーロッパとアジアの文化は、交錯し、その後の世界は大きく変貌した。

アジアへのヨーロッパ人の進出

15世紀末、ポルトガルやスペイン、イタリアの人々は大海原に進出しました。大航海時代の幕開けであり、世界の海と大陸は、貿易により繋がれたのです。ポルトガルはエンリケ航海王子のもと、新大陸の発見を目的として海洋に船出し、その後百年ほどの間にアフリカ、イスラム圏、インド、東南アジアに拠点を広げ、東アジアまで辿り着きました。

一方、オランダでは、16世紀末頃から海洋国家としての新しい動きが始まっていました。１５８０年にスペインがポルトガルを併合し、１５８５年にオランダとの貿易を全面的に禁止。これが契機となり、これまで北洋漁業を盛んに行っていたオランダは、自ら東洋に船を派遣することを模索し始めました。そのいくつかの航海が成功し、商人らは本格的な交易活動に乗り出します。彼らが中心となり１６０２年オランダにて、世界ではじめての株式会社として連合オランダ東インド会社 "De Vereenigde Nederlandsche Oost - Indische Compagnie"（略してVOC）が設立されました。この会社は、同時期に海外進出をかけて争ったイギリスと競合する中、アフリカの喜望峰、インドネシアのジャカルタ（往時はバタビア）

を中心とする東南アジア地域、台湾など各地に商館を設け、中継貿易を行いました。

アジア進出を先んじて行ったヨーロッパ南部の諸国と、その後台頭してきたオランダ、イギリス、のちにはフランスの東インド会社は各地で勢力を競い、アジアにおいてはそれぞれに自国の拠点を確立、拡大していきます。

染付芙蓉手 VOC 字文皿

青銅製大砲　AVOC 字銘が見られる

アジアのオランダ商館と産物

ヨーロッパ諸国が進出する以前、アジアではそれぞれの地域で、長い歴史と伝統的な文化を有する国家や民族が存立していました。アジアに進出をはじめた西欧の貿易商人や宣教師は、地域の権力者らと掛け合い、取引、融和あるいは略奪や支配といった様々な関係性を構築していくこととなります。

オランダを例にとると、本国を出航した東インド会社の船は大西洋を南下し、アフリカの喜望峰を経由。そして、インドやインドネシアの港に向かいました。アジアではアジア域内を航海するための船に乗り換え、アジア各都市に向けて出港しました。

それぞれの地域にはオランダとの貿易圏が形成され、とくに重要な拠点にはオランダ東インド会社の商館が設置されました。これらの商館は、その地域と密接なかかわりを持ち、時にはその地域を武力によって支配します。東南アジアやインドではその傾向が強く、独占的な貿易活動を行いました。また東アジアでは地域の権力者と通じ、貿易許可を得て活動を行いましたが、地域の支配者が提示する条件を承服する必要があり、不便な生活、不公平な取引を強いられました。

やがて移転や統合をくり返し、勢力争いにより混沌としていたアジア内での勢力分布は、次第にまとまりを見せ、その後の西洋列強による統治時代へと移行します。

最初期に西欧諸国の足がかりとなったインド半島は、東海岸のコロマンデル海岸と西岸のマラバル海岸に多数の商館が存在しました。インドからは、更紗や縞織物などの綿織物がもたらされました。

インドにおける染織文化の起源は、古くインダス文明までさかのぼります。長きにわたり培われた技術は華やかな色彩の布を作り上げ、権力者の所持品として、また近隣諸国との交易品として珍重されました。コロマンデル地方で製作された多様な更紗は、主に儀礼用の敷布や掛布、天蓋など床や壁に用いられるほか、腰布や胴着などの着衣として用いられました。

15世紀以降、西洋人の東洋への進出によってこの鮮やかな染織物「更紗」は、西洋はもとより広くアジアに知られ、東洋の産物として人気を得て世界的に広まってゆきます。描かれた文様はペイズリー柄や鋸歯文、格子文、草花文、鳥獣文など多様なデザインが見られ、産地では各地で好まれる絵柄を生産。輸出用としていたため、西洋風の艶やかな鳥獣文、人物風景文、花柄文や日本向けの格天井、巴文、丸文尽くし、亀甲手など諸国の伝統柄を反映した製品が作られました。

また、コロマンデル産の木綿縞織物は、セント・トーマス港から運ばれたことから日本では「栈留」「唐栈留」「唐栈」と呼ばれました。インドからもたらされたこの縞織物は日本で大変流行し、江戸時代の粋な和装文化を代表する一つとなりました。栈留はその人気から、現在の愛知県の尾州縞、岐阜県の美濃縞、埼玉県の川越唐栈（川唐）など、各地で模倣されました。

マラッカも古くから、交易地として重要視された港です。近隣のインド、中国、東に位置するインドネシア諸島や西のイスラム圏などアジア域内のすべての交易をつなぐ基点に位置するため、アジアの交易都市として栄えました。

インドネシアでは、バンテンに1610年オランダ東インド会社の初代東インド総督ボートが着任し、1611年にはジャカトラ（ジャカルタ）商館が設置されました。ジャカルタは、往時はバタビアと称され、オランダ東インド会社の重役17名で構成された会議（十七人会）の下にインド評議会（総督＋評議会6名）が置かれ、アジア域内における諸問題に対して、

赤地花唐草文裂

赤地鋸歯文裂

大きな決裁権を持ちました。このバタビア総督から、アジア域内の各商館に配属される商館長が任命され、また、オラニエ家から、アジアの交易圏内で用いられる貨幣の鋳造の許可を受け、製造、発行しました。

現在、古い城壁の一部に囲われた市街地の中には、中心となる川が流れ、VOCの大型倉庫や市庁舎、物見の塔、往時の居宅などVOC関連施設が現存します。これらのオリジナルの建物は一部が修復され、博物館や共用便益施設、オフィスなどとして活用。また、インドネシア中央文書館には膨大なオランダ東インド会社関連の古文書が収蔵され、その長期的な保存に向けた修復作業も進められています。

インドネシアの主な交易品は、ジャワやスマトラの砂糖、綿織物や島嶼部の香辛料が挙げられます。農園で生産された砂糖は籠や袋に入れられ、オランダ船が転覆しないように底荷としての役割も担い、輸出されました。インドネシア諸島では、胡椒や薬として取り扱われた丁子やニクズク、肉桂のほか、伽羅などの香がありました。

このほかアジアからの重要な交易品として、ベトナムや中国の生糸が挙げられます。平戸時代には中国のシナ生糸が主で、出島時代にはベトナムのトンキン生糸やインドのベンガル生糸が多く輸入されました。１７４７年に生糸貿易が打ち切られるまで、生糸は日本の主な輸入品として取り扱われました。

VOC 時代の倉庫現在は海事博物館

オランダ商館文書の修復　インドネシア中央文書館

出島の東南アジアの人々

19世紀前半の出島蘭館が描かれた絵画には、体が小さくターバンを巻いた人々が見られます。かれらは東南アジアからオランダ商館員らに、召使として連れてこられた人々です。文献ではマレー人やカルバ（咬嚠吧・ジャカルタを意味する）と記され、その出身地域がうかがえます。バドミントンに興じる姿から、その原型であるブーナといわれる遊びで余暇を過ごしたことが分かります。また、縦笛、横笛、太鼓、ビオラの4つの楽器を演奏する姿から、巧みにいろいろなことをこなしていたことがうかがえます。

彼らの出島における足跡は、発掘調査によって出土した品々にも見ることができ、素焼きの土器に赤と黒の帯状の彩色を施した平鉢は、ジャワ島で製作された焼き物です。当地では、この器の上に葉を敷き、食べ物をよそい、蓋をして食事の席に供したのでしょう。タイの焼締陶器の壷もたくさん出土します。容器として持ち込まれた壷の中には、油や酒、茶、香辛料など様々なものが納められていたと思われます。

東南アジア人の召使　川原慶賀筆蘭館絵巻のうち宴会の図

インドネシア製土器　出島出土品

新たなネットワーク

２０１５年5月、駐ジャカルタオランダ大使館にて、新たなネットワークが生まれました。近世にオランダ商館が拠点をおいたアジア諸国の主だった地域の代表が、学術交流、情報共有を目的としてオランダ商館ヘリテージネットワークを立ち上げました。

発足メンバーは、前年に行われた平戸市における立ち上げ会議から参加している平戸、長崎、台南、インドネシア〔ジャカルタ〕、タイ〔アユタヤ〕、マラッカを主要構成メンバーとし、その後に新たに参画したインドネシア及びスリランカの地方都市遺跡テルナテ、バンダ、アンボン、ゴールを新メンバーとし構成しています。

２０１７年12月には、長崎において第3回目の会議を開催しました。このネットワークは、国や地方の行政担当者、研究者、博物館運営者など、それぞれ異なる立場の人物らが参集するため、興味の視点や抱えている課題などに差異があります。そのような中でも、オランダ商館という往時の共有したキーワードを頼りに、各地の現状を比較してみることは、非常に大きな視野で郷土の歴史を俯瞰する機会となりました。このようなネットワークを通じて、相互理解が進み、それぞれの遺跡の価値を高めあう契機が形成されることが期待されます。

オランダ商館ヘリテージネットワーク　ジャカルタ　旧市庁舎前広場

2017年11月24日、出島に新しい橋が架かり、翌25日以降、多くの来場者が橋を渡り、出島に入場されている。

〝橋の向こうに出島が見える〟

江戸町の丘陵から見下ろすその景色は、本来の出島の姿。

長崎の町と出島をつなぐ橋の上に立つと、新しい風が吹いていた。この風は帆船を連れてくる風。交流の海と島々、そして出島をつなぐ新しい風である。

MBC

おわりに

場所をつなぐ、人と人をつなぐ、時をつなぐ。

橋から連想することは、たいへん多く、そして人それぞれです。

整備事業に着手する以前、いつも見ていた中島川の護岸石垣がありました。調査が始まって、石垣の一部が、実は昔の出島橋の石橋部材であったと分かったときには、感慨深く、時とともに失われていた史実に気付かされました。出島橋の石達は、いつの時代も変わりゆく出島を見守っていたのかもしれません。

発掘調査を行っていると、時折、過去から何かを受け取ったと思う瞬間があり、これを未来に引き継いでいく使命を感じます。橋に関わる調査では、とりわけそういった思いに至る瞬間が度々ありました。江戸時代に橋を作った石工たち、明治時代の土木技術者、昭和時代の施工技術者、平成の考古学者、それぞれ異なる立場の専門家が、その時々に出島橋に関わり、本物を目撃し、そして次世代に残していきます。

新たな橋でつながった出島と江戸町、そして世界と日本、出島を基点として、今後はさらに大きく広がってゆくイメージが浮かび上がります。

歴史的な橋の調査は、特殊性が強く、専門的な知識を有する技術者の御力をお借りし、まとめたものです。また、出島橋を調査するにあたり、文書、古写真、絵画史料などの所蔵機関の皆様にご協力をいただき、また考察に対しての御助言を賜りました。

最後にお世話になりました皆様の御芳名を記して、感謝の意を表します。また、長崎文献社 堀憲昭氏、川良真理氏には、本書の企画、構成、編集において、たいへんご尽力いただきました。心より、御礼申し上げます。

浦さやか　岡林隆俊　川原和博　北垣聰一郎　近世古文書会　下川達彌　田中亜貴子
西谷 正　西村祐人　林 一馬　原田博二　藤本 昇　松本勝蒋　柳沢礼子　山口克己
(敬称略)

〈著者プロフィール〉

山口美由紀（やまぐちみゆき）

長崎市職員（文化観光部・出島復元整備室・学芸員・専門官）。

広島大学文学部史学科卒業。

1992年長崎市教育委員会文化財課を経て、2001年より出島復元整備室勤務（現在に至る）。

著書に『長崎出島―甦るオランダ商館』（2008年同成社）、『旅する出島』（2016年長崎文献社）ほか。

資料協力
長崎歴史文化博物館、長崎大学附属図書館、長崎大学附属図書館経済学部分館、松下美術館、出島復元整備室、江戸町自治会
※特にクレジット表記のないものはすべて出島復元整備室所蔵

■長崎文献社ブックレット　No. 2■
長崎文献社文化フォーラム記録
出島 つながる架け橋

発行日	2018（平成30）年4月23日　初版第1刷
著　者	山口　美由紀
発行人	片山　仁志
編集人	川良　真理
発行所	株式会社 長崎文献社 〒850-0057　長崎市大黒町3－1　長崎交通産業ビル5階 TEL 095（823）5247　FAX 095（823）5252 HP：http://www.e-bunken.com
印　刷	日本紙工印刷株式会社

ISBN978-4-88851-294-7 C0021

長崎の夕方は!!
ヨジマル!
Yoji Marché
毎週月～金 午後3時50分～
街歩きの達人・山口広助さんと行く
大好評
BUS STOP
バス停中継
知られざる長崎の歴史を紐解く!!
「移動中継 LIVE！LIVE！LIVE！」
みなさんからの情報をもとに
生放送で突撃リポート！
ハラハラドキドキ予測不能！
あなたの街へおじゃまします！
「中継サンキューベリー街！」
街の人たちと触れ合って
街の魅力を再発見！
合言葉は「サンキューベリーマッチ！」
榎由里絵
中村麗
吉井諴
小田久美子
毎日元気に
生放送中！
KTN テレビ長崎

まいにち
4ちゃんNIB
藤田 智子
中島 彩
佐藤 肖嗣
松田 大河
news
every.
NIB
月曜 午後3時50分～7時00分
火～金曜 午後4時50分～7時00分
長崎のニュースは午後6時15分から
江戸時代に海外との唯一の交易拠点だった
「出島」に約130年ぶりに橋が完成しました
「出島」は蘭学をはじめとする日本の
近代化に必要な情報の発信地となりました
「出島」の先のかつての海に建つのは
帆船をモチーフに設計されたNIBです
皆様に愛され信頼されるテレビ局を目指し
情報発信に取り組んでまいります
DEJIMA
AGAIN
NIB
MBC
NIB 長崎国際テレビ